《未来世界を哲学する》編集委員会［編］

未来世界を哲学する

第5巻

ジェンダーとLGBTQの哲学

神島裕子
［責任編集］

小手川正二郎・佐藤邦政・髙松里江・稲垣惠一
［著］

丸善出版

《未来世界を哲学する》編集委員会

まえがき

本書『ジェンダーとＬＧＢＴＱの哲学』は「未来世界を哲学する」ために編まれたシリーズの一冊である。そのコンセプトは五〇年後の未来を見据えながら「ジェンダーとＬＧＢＴＱ」という課題に対して網羅的かつ大局的に立ち向かい、社会の進むべき方向を指し示すというものである。課題といっても「ジェンダーとＬＧＢＴＱを無くそう」ということではもちろんない。本書の課題は、人々が自身のジェンダーやセクシュアリティのせいで自由を奪われたり不正を被ったりしている状況を問題とし、この状況を変えるにはどうすればよいかを哲学することである。

しかし五〇年後の未来はだいぶ遠いような気がする。その間にこの課題は放っておいても解決しているだろうと、つまり誰もが自由や正義を享受しているだろうと思う人もいるかもしれない。しかし残念ながら、それは楽観的すぎる。マジョリティとは異なるジェンダーやセクシュアリティを持つ人々への抑圧は、少なくともプラトンの時代から二五〇〇年近くも続いているのであり、人間の権利に関する法整備が進んだ現代国家においても、あちらこちらで手を替え、品を替え、続いている。本書が明らかにするようにそれらの抑圧は、哲学それじたいや、マスメディア企業などの組織、心理学などの科学研究、そして法・政治領域においても続いているのである。

では、何がこの課題の解決をこれほどまでに難しくしているのか。本書でも明示され暗示されるように、その原因は家父長制（パトリアーキー）にある。家父長制は男性の家長に家のメンバーを支配する権限を与え、その権限を次世代に継承してゆくなかでジェンダー役割を固定化すると同時に子孫を残すためにセクシュアリティを管理する仕組みであり、またそれを支える思想・雰囲気である。したがって家父長制はどのジェンダーとセクシュアリティの人にとっても抑圧的でありうる。そして子孫という概念を緩やかに解釈すれば、家父長制は家以外の組織、例えば企業や伝統文化、さらには学界にも見て取れるものであり、現代日本のように国全体に浸透していることもある。

だがそれは変えることができる。二〇二三年に公開された映画『バービー』は、家父長制を過去のものとすべきことを描いた映画である。『2001年宇宙の旅』を彷彿とさせる冒頭のシーンでは、赤ちゃん人形のお世話をしていた女の子たちが、オベリスクのようなバービーを見た途端に赤ちゃん人形を放り捨てる。その後の未来世界があるだろうと想定されたところで、バービーランドの日常が描かれる。バービーたち（女性）はいろいろな職業に就いていて、パートナーのケンたち（男性）よりも優位にある。ケンたち男性は特にこれという職業を持たず、バービーたちからの承認がないと自尊心を保てないでいる。そんななか、バービーとケンは人間の世界を垣間見ることになり、ケンはバービーランドにマッチョで男性支配的な社会を実現しようとして失敗する。しかしケンはこの失敗を通じて、バービーに承認されようとされまいと自分は自分として生きることができるという自己承認を得る。他方でバービーは女性の価値観は多様であり、みながバービーのようにキラキラすることを望んでいるわけではないこと、そして老いることの美しさを知る。さらにバービーランドが男性を抑圧するものであったことに気づく。そして映画は、人間の世界で生きることを選んだバービーが、ビルの中のオフィスの受付で自分の（人間としての）名前を名乗り、「婦人科医に会いにきました」と笑顔で述べるシーンで幕を閉じる。

このシーンの解釈や受け取り方は様々だろうが、婦人科に行ったことのある人や行こうか悩んだことのある人は、驚くと共にポジティブな気持ちになるだろう。もしかすると一瞬、泣きそうな気分にさえなるかもしれない。というのも、私たちの社会では女性の身体は不浄とされる一方で、性的客体化されており、さらには子どもを産むことが期待されていることから、婦人科に笑顔で行く状況を考えることは難しいからだ。だが、どのジェンダーやセクシュアリティの人にとってもそうであるように、女性も他者の視線で自分の身体を評価しなくてよいのではないか。自分の身体をケアすることについてあっけらかんとしていてよいのではないか。イエス、という声が聞こえてきそうなのである。

本書は、ジェンダーとＬＧＢＴＱの分野で第一線で活躍する四名の若手・中堅の研究者による合作である。それぞれの研究領域やパースペクティブは異なるが、誰もが尊重され生きやすい世界の到来を願っている点で同じである。読者の方々にはぜひ、第1章から第4章までを、順番に読み進めて欲しい。各論での学びを通じて、最終的には「ジェンダーとＬＧＢＴＱ」という課題の大枠を掴めるようになる算段である。さらには、この課題の解決において欠かせないものも見えてくるだろうという目論見もある。読者におかれては巻末の「責任編者解題」における答え合わせを楽しみに、筆者たちとともに悩み迷いながら、思考の力を味わっていただきたい。

二〇二四年五月　古都の片隅にて

責任編者　神島裕子

目　次

第1章 ジェンダーが問い直す哲学
――「尊重しあう愛」は可能か

「ジェンダー」と聞いて、あなたは何を思い浮かべるだろうか。国内の男女間の格差を示すジェンダーギャップ指数で、日本が毎年のように低い順位（二〇二三年は一四六カ国中一二五位で過去最低の順位だった）に位置していることだろうか。ＬＧＢＴＱに代表される性の多様性を尊重するために推し進められる様々な法制度、教育、取り組みのことだろうか。あるいは、女性や性的マイノリティが置かれている状況の認識や変革をめぐって、異なる立場の間で交わされる抗議や非難の応酬であろうか。

「ジェンダー」という言葉を聞くと身構える人は多い。ジェンダーが話題にのぼるところでは、しばしば性差別や男女間の格差、性的マイノリティへの無理解が指摘され、性的マジョリティ、とりわけシスジェンダー[*1]の男性たちは自分に非難の矛先が向けられていると感じやすいからだ。女性であっ

＊1　出生時に割り当てられた性と一致した性で生きる人々のこと。出生時に割り当てられた性とは異なる性で生きるトランスジェンダーだけに呼び名がつけられ、マジョリティが「普通」として無徴化されるのを防ぐために、トランスジェンダーの対義語として、「こちら側」を意味するラテン語のシス（cis）からつくられた。

ても、自分は性差別とは無縁に生きてきたと思う人は、「女性」と一括りにされて差別の被害者とみなされることに抵抗を感じたり、性差別を糾弾する声を自分とは無関係なものとして感じたりする。

このようにジェンダーという話題は、無暗に足を踏み入れると自分が非難されたり、逆に被害者扱いされたりしかねないものだとみなされがちである。その一方で、ジェンダーをめぐる諸問題や性の多様性について一定の理解をもっていることは、現代社会に生きるうえで必要とされてもいる。だとしたら、ジェンダーを一種の「教養」として学び、自分が非難されたり炎上したりするリスクを避けるために知っておくべき知識のように捉える人がいるとしても、それは仕方のないことなのかもしれない。

こうした現状にあって、哲学的な観点からジェンダーについて考えることはどのような意義をもちうるのだろうか。ひょっとすると哲学に対しては、様々な利害や関心に左右されやすいジェンダーをめぐる議論を、中立的な立場から冷静かつ論理的に執り行うことを期待する向きもあるかもしれない。確かに、相手への非難に陥らない仕方で異なる立場に立つ人と議論できたり、自分のジェンダーや属性と一方的に関連づけられることなく自らの主張を展開できたりすることは、哲学の魅力の一つだ。しかし、それはあくまで哲学の一側面にすぎず、ジェンダーを哲学することはこうしたことに尽きるわけではない。本章では、哲学とジェンダーのこみいった関係について論じ、両者を切り分けがたいものとして考えていくと、どのような主題や思考に至るのかを読者と一緒に探っていきたい。まず、ジェンダーを哲学することによって、たんにジェンダーを対象として哲学的に議論するだけにとどまらず、既存の哲学的な思考がジェンダーという観点から問い直されることになるのを見る（第1

節）。次に、こうした問い直しを経た後で、ジェンダーと密接な関わりをもつ「身体」をどのように考えられるようになるかを検討する（第2節）。最後に、ジェンダーを哲学することによって、自分や他人（の身体）をいかに愛することができるのかという問いへと導かれることになる（第3節）。

1　哲学とジェンダー

はじめに、哲学的観点からジェンダーについて考えるとは、どういうことかを考えてみよう。哲学的な探究は多くの場合、問題となっている対象や事柄を明確にしていくことから始まる。例えば、「差別はなぜ悪いのか」が問われる場合、そもそも「差別」とはどのようなことか、いかなる点でたんなる区別とは異なるかがまず検討される（池田&堀田 二〇二一）。

ジェンダーについても、哲学的に考えるためにはまず、そもそも「ジェンダー」とは何を意味するのかが問われよう。ジェンダーとは一般に、生物学的な性別（セックス）とは区別されて、社会的・文化的に構築された性差を表すとされる。しかしそれが、「女性は共感しやすい」などといった男女の心理的な傾向性を指すのか、「男性ならリーダーシップを発揮すべき」といった男女の理想像や役割を指すのか、特定の身体的特徴と結びつけられる社会的地位を指すのかは論者によってまちまちである。哲学はジェンダーのこうした多義的な意味のなかから、いかなる概念が男女の不平等をよりよく説明し、批判することを可能にしてくれるのかを示すことができる（ハスランガー 二〇二二）。そのようにして、ジェンダーにまつわる様々な概念をより正確に定義し直し、生産的な仕方で議論を積み重ねていくための土台を提供することができる。[*2]

哲学のこのような探求方法は、先に述べた「利害関心に左右されずに議論を行う」という哲学のイメージと結びついている。実際、議論の中身に入る前に、そこで問題となっている言葉や事柄の理解に齟齬がないかを確認することは、自らの立ち位置に引きずられないようにするために必要な作業であろう。プラトンの対話篇に描かれるソクラテスは、自分たちが何気なく用いている言葉の意味を改めて問い、その言葉を対話相手も同じ意味や文脈のもとで理解しているという前提を疑い、理解に齟齬がある場合は（双方が同意する）より厳密な定義を模索し、議論を洗練させていく。こうした姿勢にこそ、自分が当たり前に思っていることをあえて疑ってみて、目下の利害関心から距離を取って思考しようとする哲学的態度の範例が見て取れよう。

けれども、以上のような態度をとったからといって、哲学者は自らの利害関心から手を切って、一足飛びに「中立的な立場」に立つことができるわけではない。哲学者が現実から遊離した独りよがりな概念や理論の妥当性を証明するために、現実を捻じ曲げたり、自分の観点からは見えてこない現実を無視したりするなら、それは哲学的態度とは真逆の態度になってしまうだろう。とりわけジェンダーに関していえば、アリストテレス、ルソー、カント、ショーペンハウアーといった男性哲学者たちがその哲学的な論述のなかで、女性を男性よりも劣った存在だとか、理性的であるよりも感情的な存在だとみなしていたことはつとに有名である。[*3]

それゆえ、哲学がジェンダーを論じる際に性急に「中立的な立場」を標榜するなら、それは「自分自分だけは旧来の差別的な男女観から自由にジェンダーを論じられる」という過信や傲慢、そして自分自身のジェンダーやそれに伴う立場の偏りへの無知の表れにすぎないかもしれない。哲学者の大越《おおごし》愛子（一九四六-二〇二一）は、編著『ジェンダー化する哲学』（一九九九年）の序文で、男性哲学者たちが「自らのジェンダーのありようが決して揺さぶられることがないという、お気楽な認識にあぐらをかいておられるかぎりは」、真の意味でジェンダーを哲学することができないことを示唆している（大越 一九九九）。

ボーヴォワール『第二の性』の哲学的アプローチ

それでは、どのような形でジェンダーについて考えていけば、より哲学的になりうるのだろうか。シモーヌ・ド・ボーヴォワール（一九〇八-一九八六）の『第二の性』（原著一九四九年）は、ジェンダーを哲学することがいかなる営為かを問いつつ、それを実践している点で恰好のお手本となるだろう。そこでボーヴォワールは、特定の理論や学説から出発するのではなく、「女性」という表現が日常生活で用いられる際に気づかれる事実から出発する。

＊2 例えば、「セクシャル・ハラスメント」（マッキノン 一九九九）、「ミソジニー」（マン 二〇一九）、「抑圧」（ハスランガー 二〇二一）、「ジェンダー・アイデンティティ」（ジェンキンズ 二〇二二）、さらには「社会的構築」（ハッキング 二〇〇六）といった概念についての哲学的な考察が日本語で読める。

＊3 例えば、政治哲学者のスーザン・モラー・オーキンは、『政治思想のなかの女』（原著一九七九年）において、プラトン、アリストテレス、ルソー、J・S・ミルの思想において女性がどのように捉えられ、位置づけられているかを批判的に考察している（オーキン 二〇一〇）。

人間という種には女（femelle）たちがいること、女たちは今も昔も人類のほとんど半数を占めていることは誰もが一致して認めている。にもかかわらず私たちは、「女らしさが危機に瀕している」と言われたり、「女性でありなさい、女性のままでいなさい、女性になりなさい」と説き勧められたりする。ということは、女である人間すべてが必ずしも女性（femme）であるわけではないということになる。〔女性であるためには〕女は、女らしさという謎めいており、脅威にさらされている〔とされる〕現実に参与しなければならないのだ。（ボーヴォワール 二〇二三：第Ⅰ巻一二頁
※翻訳は一部改変）

ここでボーヴォワールは――しばしばそう解釈されてきたように――生物学的な性別（セックス）と社会的・文化的な性差（ジェンダー）という理論的区別を導入し、前者を生得的で後者を後天的とみなしているのではない。[*4] 彼女が注目しているのは、日常的な意味で「女性」という言葉が用いられるとき、生物学的な意味での「女」（雌）とは明らかに異なる意味で使われていること、つまり日常会話のなかで誰かが「女性」や「女らしい」と言われるときに問題となっている「性」が、性器や染色体の相違に帰される性別とは異なる水準で論じられねばならないということだ。もし性が性別に汲み尽くされるなら、生まれたときに性器の形状などから「女」とみなされた人たちが「女らしく」あるよう教育されたり、強制されたりすることはないはずだし、「女らしさ」が社会から失われつつあるなどと言われることはありえないはずだからだ。ボーヴォワールは、私たちが社会の様々な場面で経験しているこのような「ずれ」に立ち戻ることで、そこから私たちが生きている「性」（ジェン

ダー）とは、そもそもいかなるものかという哲学的問いを引き出してくる。

この問いに対して、伝統的な哲学の枠組みでは、二通りの答え方がある。一方で、あらゆる女性に共通する本質が何らかの形で存在するとみなす本質主義の立場がある。他方、「女性」とは社会のなかで時代や場所に応じて恣意的に名づけられている実体のないものとする唯名論の立場がある。ボーヴォワールは、「生物学でも社会科学でも、女性、ユダヤ人、黒人の性格といった特定の性格を規定する不変の実体が存在するとはもう信じられていない」（同前：一二-一三頁）として本質主義を退ける。その一方で彼女は、女性としてのあり方は人それぞれ全く異なり、「女性」という表現の使用にはいかなる共通性もないとも考えない。

もちろん女性も男性と同様、人間である。けれどもこうした主張は抽象的だ。すべての具体的な人間はつねに一人ひとり個別に状況づけられているのが事実だ。永遠の女性的なもの、黒人魂、ユダヤ人気質といった概念を拒否することは、現にユダヤ人、黒人、女性が存在するのを否定することではない。（同前：一四頁）

女性の本質を否定することは、「女性」と自認する人や「女性」と呼ばれる人が現に存在すること、女性とみなされることで男性とは異なる扱いを受けうることを否定することにはならない。むし

＊4　『第二の性』においてセックスとジェンダーの区別が提唱されたという支配的な解釈の問題点については、小手川（二〇二三）参照。

ろ、「女性も男性も同じ人間である」としてそうした男女の扱われ方の違いを無視するなら、個々の女性たちが社会のなかで置かれている状況を見えなくしてしまう。ボーヴォワールは、ここでも「女性も男性も同じ人間である」という抽象的な原理からではなく、女性たちが置かれている具体的な状況から出発しようとする。そうすることで、本質主義と唯名論という理論的対立からこぼれ落ちてしまう、私たちが生きている「性」のあり様に迫ろうとしているのだ。[*5]

実際、目を開けてそのあたりを歩いてみるだけで、人類は二つのカテゴリーに分かれていて、着るものから、顔、体つき、笑い方、歩き方、興味、仕事にいたるまで、はっきり違っているのが確認できる。おそらく、こうした違いは表面的なもので、やがてなくなるに違いない。しかし、確かなのは、今のところこうした違いが歴然として存在することである。(同前：一四－一五頁)

『第二の性』が書かれた七〇年以上前と比べると、男女が選びうる服装や髪型、所作や職業などは、はるかに自由度が増しているはずだ。男女のあり様がさらに多様化していくにつれ、こうした違いやそれに基づいて男女を見分ける必要性も今後ますます薄らいでいくことだろう。しかし、少なくとも現段階では男女の違い（とみなされる特徴）は多かれ少なかれ存在し、しかも日常生活の至る所でそれを見て取ったり、それに沿って振る舞うよう求められていたりする。

このような着眼点から浮かび上がってくるのは、ジェンダーの次のような姿である。第一に、ジェンダーは個々人が置かれた状況から独立に存在するような実体として存在するのではなく、あくまで

「状況づけられたもの」として、つまり特定の社会空間のなかで様々な他者たちと関わる（会話したり、互いに相手を見たり、評価したりする）なかで育まれ、身につけられ、場合によっては変容していく。第二に、ジェンダーは、髪型や服装なども含んだ広義の「身体」のあり様や様式と切り離せないものとして捉えられる。第三に、ジェンダーは当人がその都度自分で意志的に選択しているというよりは、そうすることが当人にとって違和感なくほとんど「自然に」感じられるほどに習慣づけられた身体的な様式や所作のなかで現れる。

以上のような形で、ボーヴォワールは日常的な経験に遡って、私たちによって生きられている「性」について哲学的に思考することを試みた。彼女は、ソクラテスのように、人々が当たり前のように用いている「性」――とりわけ「女性」――という言葉の意味を改めて問い、それが生物学的な性別とは異なる意味で用いられていることに注目する。そうして、「性」を性別と一緒くたにする先入観や、既存の哲学的な枠組み（本質主義や唯名論）に囚われない仕方で性について思考するために、私たちが日常生活のなかでいかなる仕方でそれを生きているかに密着しようとし続けたのだ。

ジェンダーから哲学を考える

これまでボーヴォワールが哲学的観点からジェンダーについて考える方途を辿ってきたが、彼女が同時に、ジェンダーという観点から既存の哲学のあり方を問い直していることも見過ごしてはならな

＊5　ガルシアは、こうしたボーヴォワールのアプローチがジュディス・バトラーに代表される社会構築主義のアプローチとも混同されえないことを強調している（ガルシア　二〇二三：四六-四九頁）。

い。ボーヴォワールは「女性とは何か」という問いを提起した直後に、次のように述べている。

私がこの〔女性とは何かという〕問いを提起していることが大きな意味をもつ。男性であれば、人類のなかで男たちが占める特殊な状況について本を書こうなどという考えを抱くこともないはずだ。私が自分を定義しようとすると、まず「私は女性である」と表明することを強いられる。この真実が土台となって後のすべての主張が打ち立てられていく。男性は決して自分がある特定の性に属する個人であるとみなすことから始めたりはしない。男性であるということは、自明なことだからだ。（ボーヴォワール 二〇二三：第Ⅰ巻一五頁 ※翻訳は一部改変）

一見すると、ボーヴォワールは男女の考え方には根本的な相違があると言っているように見える。しかし、だとすると、彼女が先に退けたはずの、男女の間に本質的な相違があるとする本質主義に手を染めることになってしまう。より注意深く読めば、ここでも彼女が注目しているのが、男性と女性の間の本質的な相違（例えば男性脳と女性脳などといった違い）ではなく、両者の置かれている状況の相違であることがわかる。つまり男性たちが自らのジェンダーを忘れて語ることを社会のなかで許容されているのに対して、女性たちは何かにつけて自らの主張を「女性の主張」として聴かれ、評価されやすい状況に置かれているということだ。実際、ボーヴォワール自身も抽象的な議論をしている際に、男性から時に「そんなことを考えるのは、あなたが女性だからだ」と言われたことを述懐しているが、現代でも女性たちの発言が「女性にありがちな主張」とみなされたり、ただちに「主観的」

だとか「感情的」だと揶揄されたりするような例は後をたたない。

ボーヴォワールによれば、これは男性中心的な社会のなかで男性が基準とされ、男性たちの発言や考え方が中立的だとされていることに由来する。「男女の関係は、電極や磁極の場合とは違って、男性が陽性《プラス》と中性の両方をかねている。……女性は陰性《マイナス》として現れ、女性にはどんな規定も制限として一方的に押しつけられる」（同前：一五一―一六頁）。つまり男性と女性の相違はXとYというような端的に異なるものの相違としてではなく、AとマイナスAというようなプラスマイナスの価値づけを帯びたものとして、しかも男性が標準で女性はそこからの欠損や逸脱として捉えられてしまうということだ。例えば、「哲学者」や「医者」と聞くと暗に男性を思い浮かべ、女性の場合は「女性哲学者」や「女医」といった表現が用いられることがあったり、標準的な身体として想定されるのが男性の身体で、乳房や月経のある女性の身体は特殊なものとみなされたりすることなどが挙げられる。

こうした状況のために、女性たちは「自分が女性である（とみなされる）」という事実を無視して語り始めることができない。これに対して男性たちは、「自分がある特定の性に属する個人であるとみなすこと」なく、あたかも自分たちが中立的な立場に立っているかのようにして「人間とは何か」といった哲学的問題について語ってきた。ボーヴォワールは、女性と男性が置かれている状況のこのような非対称性を問題化し、そうすることで、男性哲学者たちを中心に営まれてきた従来の哲学のあり方そのものをジェンダーという観点から問い直そうとしたのだ。

誰が、何を、いかにして、どのような現実に即して、哲学するのか

ジェンダーという観点から従来の哲学のあり方を見つめ直すと、（1）誰が、（2）何を、（3）どのような方法で、（4）いかなる現実に即して、思考してきたのかが問われることになる。

（1）誰がという点については、哲学史の本をひもとけば、そこに出てくる哲学者のほとんど（またはすべて）が男性であることは一目瞭然である。もちろん、古代より女性たちもまた哲学を営んできたし、20世紀に入ると数多くの女性たちが優れた哲学書を残してきた。[*6] しかし、様々な思想潮流の端緒とされ、現代まで読み継がれる古典としての地位を占めているのは、男性の哲学者たちが圧倒的に多い。また、日本の大学——とりわけ研究者を養成する大学院のある大学——で哲学を教える専任教員のポストもその多くが男性によって占められており、哲学や哲学史の入門書や概説書の多くも男性の著者によって書かれている。

（2）このことは、従来の哲学でどのような問題・主題が「哲学的な問題」として論じられてきたかと切り離せない。哲学では人間の生に関わる多種多様な主題——心と身体、自由、真理、言語、時間、空間、道徳、美、死など——が取り上げられ、哲学的な問題として議論されてきた。ところが、ジェンダーについては、プラトン『饗宴』以来、愛（エロース）との関連で言及されてはきたものの（神崎 二〇〇九）、それ自体が主題的に取り上げられることは稀であった。この事実は、哲学の主流に位置づけられてきた男性哲学者たちにとって、ジェンダーにまつわる諸問題——男性という性、性的身体、性愛、性行為、生殖など——が自らの生にとって避けがたい「哲学的」問題としては現れてこなかったこと、もっと言えばそうした問題を避けられる状況に男性たちが置かれ続けてきたことに

由来するように思われる。そのため、こうした事柄は、歴史的に女性たちが担わされてきた活動（家事や育児や介護）とともに、「非哲学的な」問題だとみなされてきたのだ。

（3）哲学の論証方法についても同様の点が指摘できる。一般に哲学は、ある主題Xについて、「XをXたらしめているもの」をどんな人にも納得してもらえるように示そうとする、すなわちXの本質（必要十分条件）という客観的な一つの答えを探究する。そのため、哲学者は自らの主観的な観点を排し、問題となっている事柄を個別具体的な状況から抽象化して論じようとしてきた。ところが、ボーヴォワールをはじめとしてジェンダーについて論じる女性たちの多くは、自らの個人的な経験や他の女性たちの経験に言及するだけでなく、そこから哲学的な問いや理論的な基盤を提示しようとする。また、リュス・イリガライのように（イリガライ 一九八七）、「女性とは……である」という形で記述することを拒否して、「哲学的」とみなされてきた論証方法とは異なる仕方で書くことを選ぶ女性や、エッセイや詩の形で自らの思考を表現してきた女性も多い。そうした女性たちはややもすると、誰もが納得する論理的な議論や客観的な結論を提供する「哲学者」と暗に区別されて、「思想家」や「作家」とラベルづけされがちである。ここには、特異な形式で叙述したニーチェやウィトゲンシュタインといった男性は「哲学者」とみなしながら、同様に従来の哲学的な論証方法をとらない女性たちの議論を非論理的で主観的と断じて、彼女たちを「哲学者」から格下げするような傾向が透けて見える。それゆえ、哲学の方法と目的を先に見たような論証と客観的な結論に限定することは、哲

＊6　男性の哲学者だけを取りあげてきた従来の哲学史に対する挑戦として、あえて女性の哲学者だけを取りあげた『哲学の女王たち――もうひとつの思想史入門』も出版されている（バクストン＆ホワイティング 二〇二一）。

学をあまりにも狭く捉えすぎている恐れがあるのだ。

（4）女性たちが個人的な経験を重視するのは、それが男性中心的な社会のなかで男性だけでなく女性にもある程度共有された現実認識の一面性や歪みを露わにするからだ。実際、先に言及した、「私は女性である」と表明することを強いられるというボーヴォワールの経験は、自らのジェンダーを無視して始められる男性たちの議論の出発点を揺るがすものであった。議論の出発点は、議論の結論を左右する。例えば、日本の公共交通機関における女性専用車両については、しばしば女性を「優遇」するものであるとか、男性の機会を制約し「逆差別」するものだといった主張が見受けられる。こうした主張は「女性専用車両がない状態が平等だ」とする前提から生じるものであり、この前提は多くの男性たちには自明なものに映る。逆に、痴漢被害が軽視され続けてきた日本で（牧野 二〇一九）、日常的に痴漢の被害に脅かされてきた女性にとっては、女性専用車両がない状態は、安全に電車に乗り通学・通勤する機会や自由を女性だけが著しく制約される不平等な状況として経験される。その場合、女性専用車両は、女性を優遇する措置ではなく、こうした不平等を是正して電車に安全に乗る機会を平等にする措置とみなせる（池田&堀田 二〇二一：四八頁）。ジェンダーという観点から見ると、男性中心的な社会のなかでは自明視されてきた議論の前提の一面性や歪みが露わになり、こうした現実認識そのものを変容していく必要性に迫られることになるのだ。

以上のように、ジェンダーという観点から哲学を見つめ直すなら、従来の哲学では半ば自明視されていたことが次々と問い直されることになる。こうした点を踏まえたうえで、ジェンダーと深く関わる――ゆえに、哲学的な問題として論じられにくかった――身体と愛という主題について、哲学的に考えることを試みたい。

2 身体

哲学において、身体は長く思考の障害や牢獄とみなされてきた。身体は空間のなかで一定の場所を占め、様々な力関係に左右されるのに対して、思考は場所をもたず、力関係から自由であると考えられたからだ。こうした傾向は、デカルトが『省察』（一六四一年）「第二省察」において、私が身体であることを疑い、「考える私」から身体を切り離した点において極点を迎える。ボーヴォワールが哲学的な思考を開始する際に「私は女性である」ということから出発せざるをえないと述べる際、ジェンダーと結びついた身体のあり様を一切考慮することなく考え始めることができるとするこのような男性哲学者たちの傾向（ないし思い込み）を念頭に置いていたことは疑いようがない。

すでに述べてきたように、ここで問題となっている身体やジェンダーは、生物学的な身体的特徴や性別には汲み尽くされない。では具体的に、こうした身体やジェンダーをどのように考えていけばよいのだろうか。

身体とジェンダー

私たちは自分の身体とどのように関わっているだろうか。鏡で顔や全身を眺めたり、爪を切ったりするといったことが真っ先に思い浮かぶかもしれない。けれども、このような行為の対象として身体と関わる手前で、あらゆる活動の媒体という形で働いている身体を私たちは生きている。鏡を見ることも私の眼を通してであり、爪を切ることも自分の手を動かしてである。私たちは、起きてから就寝するまでに無数の身体運動を行っており、そのほとんどは自覚されることなく、習慣的な形でなされている。例えば、通りを歩いたり椅子に腰かけたりする姿勢、他人との接し方や話し方などは、その都度異なる環境や人間と遭遇しながら、個々人がこれまで積み重ねてきた習慣的な様式に基づいている。こうした身体の習慣的な様式が、個々の意識的な活動や意志的な行為を可能にする条件をなしている（メルロ＝ポンティ 一九六七）。

ジェンダーもまた、このような習慣的な様式という形で身についていくものだと考えられる。例えば歩き方や座り方、他人との接し方や話し方などにしばしば「女らしさ／男らしさ」が見て取れるが、それをする当人はこうした振る舞い方をほとんど自覚しないまま、そうすることが「自然」であるかのようにしてそうする。この点について、社会学者の江原由美子は、次のように述べている。

私たちにとって、「女らしさ／男らしさ」の多くは、「女はこういうものだ、男はこういうものだ」というような言語化された知識なのではなく、ほとんど意識に上ることがないほど慣習化され身体化された（身体知覚や動作経験や感情などと結びついた）ハビトゥスとなっているのではないか、そうした行動を行うことが、「自然」に感じられるほど身についた慣習行動になっているのではないか。（江原 二〇〇二：一一三頁）

ここであえて（「習慣」を意味するラテン語の）「ハビトゥス」という表現が用いられているのは、ジェンダーがたんなる個人的な習慣ではなく、ある社会のなかで「女性」ないし「男性」という集団に紐づけられるような社会的・文化的な習慣であるからだ。確かに、ジェンダーに関する身体習慣をどの程度身につけているかは個人差があるし、それをどのような場面（公共的な空間、親しい友人間、自宅などのプライベートな場所）で発揮するかも人それぞれであろう。しかし、どのような振舞い方が「女らしい／男らしい」かを個人が決定することはできない。「自分の思うように女らしさの観念を作りあげる自由など個人にはない。この女らしさの観念になじまない女性は性的に、そしてその結果、社会的に価値を下げることになるのだ。社会が性的価値を取り込んでしまっているからである」（ボーヴォワール 二〇二三：第Ⅱ巻下三八八頁）。

すでに社会のなかである程度共有されている「女らしさ」の見方にただ一人で抵抗することは困難である。というのも、たとえ個人がある「女らしさ」（例えば、公共の場に出る時は化粧をする）に従わなかったとしても、その人が生きる社会には「女らしさ」に関わる価値観が残り続け、それによってその人の言動がたんに「女らしくない」とみなされる（「性的に価値を下げる」）だけでなく、「社会人としてマナーがなっていない」などと評価される（「社会的に価値を下げる」）ことがあるからだ。

ジェンダー規範と性自認

このことは、ジェンダーが社会のなかである程度共有されている規範と関わっていることを示している。「女性なら／男性なら、～であるべき／～するべき」といった形で表されるジェンダー規範は、様々な濃淡で社会の隅々に広がっている。「女性／男性なら、女性用／男性用の公衆トイレを使用すべき」という強制力が強いものから、「女性なら、すね毛を処理するべき」、「男性なら、重い物を持つべき」といった特定の男女像を推奨するようなものまで幅広い。

「自分は女性である／男性である／女性でも男性でもない」といった性自認は、こうしたジェンダー規範に対して自分がどのような位置づけにあるかの感覚として捉えられる（ジェンキンズ 二〇二二）。一見すると、女性用トイレを使ったり、化粧をしたりすることに違和感を抱かず、そうすることが自然と感じる人ほど、女性という性自認をもっているように見える。しかし、女性の性自認をもつからといって女性に関するジェンダー規範を受け入れているとは限らない。実際、「女性なら、すね毛を処理するべき、化粧をするべき」といったジェンダー規範に違和感を抱き、それに従わない女性も少なくない。重要なのは、そうした人であっても、毛の処理や化粧に関するジェンダー規範を、自分に向けられた規範として受け取り、自分がそれらに違反していることを意識しているということだ。これとは対照的に、男性としての性自認をもつ人なら、そもそも毛の処理や化粧に関する規範を自分とは関係のないものとみなすため、すね毛の処理や化粧をしないとしても、自分が規範を破っているとは思わないだろう（すね毛の処理や化粧をする男性も、自分が「男性だから」そうしていると思う人は稀であろう）。また、（女性とも男性とも性自認をもたない）ノンバイナリーの人なら、女性用のトイレにも男性用のトイレにも同様に違和感を抱いたり、男女に分けられたスペースのどちらかを使用しなければならないとする規範の前提に距離を感じたりすることだろう。

このように、様々なジェンダー規範をどの程度自分に関連する規範として受け取れるかという点と個々人の性自認は密接に関わっていると言えるが、他方でジェンダー規範は人が他人の性を見分ける際にも参照される。私たちは、日常生活において、顔や身長、髪型や服装、声の高さ等とともに、振る舞い方や話し方（言葉遣い）といった要素に着目して、それらがいかなるジェンダー規範に即しているかをもとに他人の性を瞬時に予測する。こうした予測は個人の経験に基づいた大雑把な予測に過ぎず、はずれることもままあるが、多くはその場限りで、自分の予測を相手に開示するに至ることもないため、そこまで問題にはならない。ところが、時にそうした予測に基づいて相手の性を決めつけて対応したり、反応したりすると相手を深く傷つけることもある。とりわけ、出生時に割り当てられた性とは異なる性で生きるトランスジェンダー*7は、身体的な特徴や過去の来歴などから当人の性自認とは異なる性として扱われたり、怪訝な眼で見られたりしやすい。それだけでなく、トランスジェンダーであることが知られると、就職活動で差別を受けたり、職場などでハラスメントにあったりすることもある（周司&高井 二〇二三）。

*7 出生時に割り当てられた性と異なる性で生きる人々。元々は、出生時に割り当てられた性から異なる性へと「移行」するという意味で trans という語彙が用いられてきたが、現代では、自らの身体部位に違和感を抱き医療行為（ホルモン療法、性別適合手術）を望む人だけでなく、性自認に合った外見（髪型・服装）等により周囲から性自認と一致した認識を受けることで性別の違和感を解消する人、男女のどちらでもない性として性自認する人（ノンバイナリー）や性自認が一定でなく揺れ動く人など多様な人々を含む表現として用いられている。

ジェンダーという規範は「あなたは女／男なんだから〇〇しなさい」という形で人々に課されますが、この要求の中には「〇〇」に関する押しつけだけでなく、「あなたは女／男」という決めつけが含まれていることが決定的に重要です。ジェンダーとは、私の側の事情と欲求にかかわらず、他者から男か女かを割り当てられ、それにふさわしい態度や行動をとるよう強制される、その現象のことを指すのです。（森山 二〇一七：四九頁）

この引用で、社会学者の森山至貴が示唆しているように、「女性なら／男性なら、～するべき」というジェンダー規範は、「人は皆、女性か男性かのどちらかである」という支配的な見方（男女二元論）に即して他人の性を一方的に判定する人々の傾向を背景に働いている。そのため、女性的な身体の特徴をもっているが男らしい振る舞いをする人や、男女のどちらかに振り分けにくい人に対して、時に困惑や好奇心、さらには敵意すら抱かれ、その人が「本当のところは女性なのか男性なのか」を示すよう威圧するようなまなざしが向けられることもあるのだ（鶴田 二〇〇九、藤高 二〇二三）。

出生時に割り当てられた性と一致した性で生きるシスジェンダーも、時に性を間違えられたり、ジェンダー規範に沿った行動を求められて違和感や不快感を抱いたりすることがある。そもそもシスジェンダーといえども、幼少期――三～四歳時とされている――にある程度の性自認を形成した後に、一度たりとも揺らぐことなく同一の性自認を持ち続けてきた人は稀であるかもしれない。こうした点ではシスジェンダーとトランスジェンダーの間には隔たりよりもむしろ連続性が認められる。しかし、ここでも両者が社会のなかで置かれている状況に注目すると、看過できない違いが存在する

（西條 二〇二〇）。シスジェンダーは日常生活で自身が身につけてきた身体習慣に沿って行動していれば、自らの性自認と一致した性として他人から認識される。そのため、シスジェンダーが特定のジェンダー規範に従わずに行動しても（例えば、シス女性が毛の処理をしなかったり、シス男性が化粧をしたりする場合）、他人から自身の性自認とは異なる性として誤認される可能性は低い。逆にトランスジェンダーは、様々な要因から自身の性自認とは異なる性として誤認される可能性に敏感にならざるをえず、そうしたリスクを回避するためにあえてジェンダー規範に沿った言動をすることがある（例えば、トランス女性が化粧をしたり、トランス男性が髭をはやしたりする場合）。そのような場合、トランスジェンダーに対して「女らしさ／男らしさにこだわっている」とか「ジェンダー規範を強化している」といった非難をするとしたら、そうした非難はトランスジェンダーとシスジェンダーが置かれている状況の非対称性を無視していると言わざるをえない。*8

ジェンダーと世界の現れ

すでに述べてきたように、私たちはつねに身体を介して世界とつながっている。そしてジェンダーは、一方で、個々人が世界や他人と関わる身体の習慣的様式として、他方、社会のなかのジェンダー規範との関係や規範を介した他人との関係として、世界や他人との関わり方に色濃い影響を与えてい

＊8　漫画や映画やゲームなど身近なフィクションのなかで多種多様に描かれるシスジェンダーとは対照的に、トランスジェンダーについてはフィクションのなかでも極めて偏った形で描写されてきたため、当事者が自分の未来を思い描くための手がかりとなる物語が欠けているということも指摘できる（三木 二〇二三）。

る。ジェンダーのこの二つの側面が、それぞれどのような影響を及ぼしているのかを考えていきたい。

まずは前者の身体の習慣的様式の方から見ていこう。哲学者のアイリス・マリオン・ヤング（一九四九–二〇〇六）は、ジェンダーについてのボーヴォワールの考え方を独自に発展させた論考「女の子みたいに投げる」（一九八〇年）で、いわゆる「女の子投げ」と呼ばれる身体の使い方について分析を行った[*9]（Young 2005）。野球の始球式などで女性がボールを投げる際によく見られる「女の子投げ」の原因は、男女間の筋力や骨格の相違に由来すると考えたくなるかもしれない。しかしこの投げ方は、平均的に男の子よりも発達が早い幼少期の女の子にも見られる。そのためヤングは、身体的な相違ではなく、男女の養育・教育のされ方や見られ方の相違にその要因を見て取った。具体的には、幼少期から女の子は男の子に比べて体を目一杯使った遊びを推奨されにくいこと、また女の子は自分の体つきや容姿が評価や欲望の対象としてのみ扱われる（「対象化」される）点を意識させられる社会環境にあること、といったことだ。結果として、女の子は目標に向かって身を投じることをためらい、自分の身体の運動可能性を抑制するような習慣的様式を身につけやすい[*10]。このような傾向は、ボールの投げ方に限ったことではなく、「女らしい」と形容されるような身体の使い方（歩き方や走り方、座り方や立ち方、重い物の持ち方）に広く見られる。

ここで注目したいのは、ヤングがこうした身体習慣の特徴の一つとして環境との一体性の欠如をあげていることだ。体を目一杯動かすよりも活動を抑制する習慣のもとでは、周囲の環境は人の目を気にせずに体を動かすことができないよそよそしい場所として現れる。これは、幼少期から外での遊びや運動に慣れ親しんだ男の子たちにとって、公園や校庭や体育館がのびのびと体を動かすことのできる活動場所として現れてくるのとは対照的である（ギーザ 二〇一九）。

このように、いかなる身体習慣を身につけるかということは、身体が活動する環境や空間がどのように現れてくるかと切り離せない。成長や訓練を通じて新たな身体習慣を獲得する（階段を上り下りできるようになったり、自転車に乗れるようになったりする）と、以前は遠く隔たっていた空間や場所がより身近に感じられるようになる。逆に、妊娠などで体型が一時的に変化したり、怪我や老化でこれまで身につけていた習慣が解体されたりすると、以前は難なく行けていた所が遠くかつ危険に満ちた場所として現れて来るようになる（宮原 二〇二〇）。

この点を先に触れた女性の性的対象化とつなげて考えると、ジェンダーの二つ目の側面（ジェンダー規範や他人のまなざしとの関連）が際立ってくる。女性の容姿や仕草は、とりわけ男性のまなざしによって、女性本人の意志や主体性を無視して性的な評価や欲望の対象としてのみ扱われやすい。このことはよく指摘されるが、ヤングが注目したのは、女性が他人からのまなざしを意識させられればさせられるほど、女性自身にとっても身体がたんなる対象として現れるようになってしまうということだ。女性は周囲からたんに「女性なら女らしい容姿や仕草をするべき」という規範を押しつけら

＊9　ヤングの「女の子みたいに投げる」は残念ながら未邦訳だが、その内容については（ヤングに向けられてきた批判も含めて）中澤瞳の一連の論考のなかで詳細に検討されている（中澤 二〇二〇、中澤 二〇二三）。

＊10　ヤングも注意しているように、こうした身体習慣とは無縁な女性――幼少期からスポーツや肉体労働に従事する女性たち――も数多くいるし、それを身につけている男性も少なからず存在する。

れるだけでなく、自分が「女性」として見られることを意識させられることで、自分の身体をもっぱら鑑賞対象や評価対象として見るよう促されてしまうのだ。

実際、私たちは自分の性自認だけでなく、自分が他人からどのような性として見られているかということによって、どのようなスペースなら立ち入り可能か、どんな場所が安全ないし危険か、どういう人なら話を聞いてもらいやすいかといったことを判断する。多くのシス女性が夜道を独りで帰るのは危険だと感じるように、トランス男性も女性と誤認されかねない特徴を持っている場合は、同様の危険を感じることだろう。哲学者の北川東子《さきこ》（一九五二―二〇一一）が二〇年以上前に指摘していた、女性たちが自分の身体に関して感じる不安もこのような背景から生じていると考えられる。

あまりに安易な一般化は避けたいが、自分の身体をめぐる漠とした不安、とりわけ「身体が犯される」かもしれないという不安は、現代の日本女性にとってまだ現実的である。満員電車に乗るときや、夜道を歩くとき、「ひょっとして」という不安を抱かない人、あるいは抱かなかった人はいないであろう。満員電車のなかで、若い女性たちが痴漢の手を逃れるために、身体の向きを変えハンドバックを持ちかえ、そしてお互いかばいあうさまは、ときに痛々しいほどだ。（北川 一九九九：五三頁）

自らの性自認とは関係なく自分が他人から「女性」として見られうるとき、満員電車や夜道は見知らぬ他人に襲われかねない危険な場所として現れ、人の目を気にせずに一息つけるような場所としては現れない。もちろん、男性も痴漢被害や性被害にいつでも遭遇しうるのだが、男性には自らの身体や世界が、性被害のリスクと結びついた仕方で現れることはまれであろう。身体の習慣的な様式および男女どちらかの性として他人から見られることが、第1節の末尾で触れた男女間の現実認識の相違を生み出しているのだ。

「見られる身体」から「感じる身体」へ

自分の身体が一方的に見られ評価される状況に女性たちが居心地の悪さを感じているのだとしたら、女性の身体が置かれた状況をどのように改善していけるだろうか。女性がたんに受動的に見られ、外見を評価される側に立ち続けるのではなく、自らの身体に関する主体性を取り戻すことによってだというのは想像がつくが、その内実をどのように理解すればよいのだろうか。

女性が見る側に立ち、男性を見られる側に立たせるということでは、男女間の見る／見られるという関係をたんに反転させただけになる。これでは、女性が男性（例えば男性アイドルなど）の身体を鑑賞対象として楽しむことは可能かもしれないが、自らの身体に関する主体性を取り戻しているとは言い難い。

女性が自らの身体をたんに「見られる」のではなく、「見せる」という形で主体性を発揮する場合はどうだろう。つまり、男性のまなざしによって一方的に見られ、評価される受動的な立場に立たされるのではなく、自分の身体の性的な魅力を前面に出し、男性たちの注意や視線を引きつけ、彼らを魅惑する能動的な立場に立つことを自ら選択するということだ。実際に、女性たちがたんに容姿や仕草を見られるだけでなく、時と場合に応じて自らの魅力を活かして、主体性を発揮している場合は少なくないだろう。とはいえ、男性たちの注意や視線を引きつけられるのは、あくまで彼らの性的関心や異性愛的欲求をかき立てる容姿や仕草に限られる。このような場合、女性は自らの容姿や仕草の評価を他人たち（男性や、いわゆる「男受け」を重視しない場合は自分以外の女性たち）に依存する形でのみ主体性を発揮できるのであり、そうした状態が自らの身体に関する主体性をどれほど取り戻せているかは議論の余地がある（高橋 二〇二〇）。

ヤングは「女の子みたいに投げる」以降に書かれた諸論考のなかで、女性たちの身体や服装を、もっぱら男性に見られたり、男性に見せて自己満足を得たりするためだけのものとして描く男性中心的な見方を批判し、女性たち自身の視点から異なる見方を提示しようとした[*11]。彼女が着目したのが、男性に「見られる／見せる」という関係とは異なる、女性が自らの身体や衣服と結んでいる関係――感触、つながり、ファンタジー――である。

（1）服を選ぶとき、それがどのように見えるかも重要ではあるが、それに劣らず服の感触――どのような肌触りか、着心地がよいか、暖かい／涼しいか――が重要視される。スカートをはく女性なら「歩くときに身体の周りでひらめくスカートのゆったりとした感じのような、素材の質感やカッティング」（ネグリン 二〇一八：一九三頁）も無視できないだろう。こうした触感や感覚からもたらされる気持ちよさ、お気に入りの服に包まれている居心地のよさは、他人のまなざしに依存することなく身体が日々感じている快楽である。また、しばしば男性のまなざしを引きつける身体部位として表象されてきた乳房も、女性の視点から見ると、自分の成長や体調の変化を感じ取ったり、性的快感を得たりするものである。そのように捉えると、乳房を女性自身から切り離して、たんに見られるものとして対象化することはできなくなる。

（2）女性の身体や身体装飾は、たんに男性のまなざしによって見られ評価されるだけでなく、女性を他の女性たちとつなげるという側面をもつ。女性たちはしばしば互いの服装や髪型、化粧やネイルを褒め合う。ヤングによれば、こうしたやり取りは、何らかの理想的な美を目指した競争をなすというよりも、相手の好みやこだわりに気を配り、会話のきっかけとなったり、相手とつながったりするためになされる。親しい友人同士では服や化粧品やアクセサリーの貸し借りをしたり、（互いの服装を合わせたり関連づけたりする）リンクコーデで親密さを確認したりすることもある。また、母親や祖母が身につけていた衣服や着物、ジュエリーを娘が受け継ぐことも珍しいことではない。このように身体や身体装飾は、同世代だけでなく世代間でも女性同士をつなげる役割を果たしてきたのだ。

（3）女性たちは、服やアクセサリーを身につけるのを楽しむだけでなく、それを見ることやそれを着た自分を思い浮かべることを楽しむことがある。ファッション雑誌、CM、テレビ、SNSの画像・動画は、「見られる対象」としての女性像を強化する媒体として批判されやすいが、こうした媒体が女性たちの想像をかきたて、描かれているキャラクターや状況に引き込む点をヤングは肯定的に

＊11　ここで参照するヤングの論考「私たちの衣服を取り戻す女性たち」（Woman Recovering Our Clothes, 1988）と「乳房のある経験——まなざしと感じること」（Breasted Experience: The Look and the Feeling, 1990）はいずれも未邦訳だが（どちらもYoung 2005に収録）、ファッションという文脈のなかでこの二つに言及した論考（ネグリン 二〇一八）が日本語で読める。

捉えている。写真や動画を通して、あるいはショッピングや試着室のなかで、女性たちは自分の様々な可能なあり様を思い浮かべたり、普段はしない着回しで自分自身の変化を楽しんだりする。しかも、こうした変化は一時的で自分が実際に変わる必要はないため、他人のまなざしを一切気にせずに自分の想像上の変化を楽しむことができるのだ。

他人に見られることではなく、自分が感じるという点に力点がおかれたこうした一連の身体経験は、女性だけに限られるものではない。しかし、男性中心的な枠組みではもっぱら見られ、評価されるという受動的な立場に置かれていた女性たちが、そうした立場には汲み尽くされない形で自らの身体や衣服を感じ、楽しんでいるという日常的な経験に注目し直すことで、ヤングは女性たちが自らの身体に関する主体性を取り戻す方途を示そうとしたのだと言える。

この洞察は、女性の身体だけでなく男性の身体のあり様を考察するうえでも示唆に富むものだ。男性は、女性の身体の対象化という文脈では、もっぱら「見る側」に位置づけられるが、男性の身体もまた他の男性や女性によって見られたり、評価されたりすることがある。とりわけ、男性の身体は、身長や体型、頭髪の薄さや全身の毛深さ、男性器の大小や形状などといったことに関して、主として男性たちの間で「からかい」や「いじり」の対象となりやすい。こうした場面で、男性たちが他の男性の身体を馬鹿にするときに、薄毛や包茎を嫌うとされる「女性の声」――現実の女性の意見ではなく、あくまで男性たちの間で捏造された「フィクションとしての女性の目」（須長 一九九九）――を利用しがちであり、結果として男性が自分を馬鹿にする他の男性たちにではなく、無関係な女性たちに怒りの矛先を向けやすいという点が指摘されてきた（澁谷 二〇二一）。

このような構造的な問題とあわせて指摘されねばならないのは、男性の身体を笑ってよい・粗雑に扱ってよいとする見方が社会に根強く残っているのではないかということだ。実際、学校などで男子学生の裸が人目に触れやすいことを軽視したり、一部の男性の容姿を笑いのネタにしたり、男性たちに裸芸を強いたりするような風潮は、女性の身体や容姿に対する揶揄がハラスメントとして（少なくとも以前よりは）問題化されやすくなった現代において、一層際立ってきているようにも思われる（星野 二〇二二）。次節では、こうした問題も含めて、私たちが自分や他人の身体を軽視しないようにするためにはどのような点が肝要となるのかについて考察したい。

3 愛

ジェンダーを哲学的に考えるにあたって、なぜ「愛」という主題を取りあげるのか。このことを説明するために、第1節から棚上げにしていた問題――哲学において「誰が」考えるのかという問い――に立ち返りたい。

この文章を読む読者は、多種多様なバックグラウンドをもち、様々なジェンダーに属する人たちであろう。ところで、この文章を書いている筆者は、シスジェンダーの異性愛男性として生きてきた。第1節で見たように、哲学の主流を担ってきたのが私のようなシス男性であり、その弊害が至るところで指摘されるなかで、なぜことあろうにジェンダーを扱う本章を筆者のような属性をもつ人間が執筆するのだろうか――そういぶかしむ読者がいたとしても不思議ではない。

私個人の意見としては、ジェンダーについて誰かが論じることを最終的に正当化するような理由など存在しない。私が本章の執筆を引き受けたことが正当化されるか否かは、ただ書かれた内容によって読者に判定してもらう以外ないからだ。とりわけ筆者のような論者がジェンダーについて書くことには、性的マジョリティとして生きてきたがゆえの思い込みや視野の狭さが反映されている可能性が高い。当然ながら、可能な限りの吟味は尽くして書いているつもりではあるが、そうした点も含めて書かれた内容の評価については読者に委ねるしかない。

とはいえ、私個人がなぜジェンダーという問題を考えるに至ったかについては、本章の構成――ジェンダーを論じる際になぜ本章で扱った論点を取りあげたのか――にも関わるため言及しておきたい。筆者は博士号を取得して大学に就職するまで現代の哲学（とりわけ現象学）を専門として研究してきたが、ジェンダーという問題にはほとんど触れてこなかった。それは、多くの男性哲学者たちと同様に、ジェンダーが自らの生にとって避けがたい「哲学的」問題としては現れてこなかったからだ。けれども、筆者が男性として生きることに何の困難も感じてこなかったわけではない。後から振り返れば、筆者が男性として生きてきたことによって少なからぬ人を傷つけたり、逆に他人から傷つけられたりすることがあった。しかしそうした経験は、どれも哲学的な問題ではないと思い込んできた。

二〇一四年に大学に就職し、授業でジェンダーについて扱うようになると、多様なバックグラウンドや属性をもつ学生たちがジェンダーをめぐる様々な悩みを抱えていること、哲学を学ぶことによって自らが抱える問題についてよりよい仕方で思考しようとしていることに気づいた。と同時に、自分があたかも中立的な立場に立ってジェンダーの問題について「解説」したり、自らの実生活と切り離して性差別やジェンダー平等について論じたりすることに後ろめたさを覚えるようになった。そんなとき、同僚のフェミニストから紹介されたブラック・フェミニストのベル・フックス（一九五二－二〇二一）が書いた『フェミニズムはみんなのもの』（原著二〇〇〇年）の一節が胸に突き刺さった。

男性たちは、もしも家父長制が変わってしまったら、慣れ親しんだこの世界にいったいなにが起こるのか、確信がもてずにいる。だから、頭と心では悪いとわかっていても、このまま男性支配を支えるほうがたやすいと思っているのだ。男性たちがくり返しわたしに言ったことは、フェミニズムがいったいなにを求めているのかさっぱりわからない、ということだった。その言葉に嘘はないと思う。わたしは、男性たちが変わり、成長する可能性を信じている。そして、もしフェミニズムについてもっとよく知れば、男性たちはフェミニズムを恐れなくなると思う。なぜなら、男性たちがフェミニズム運動に見いだすのは、自分自身が家父長制の束縛から解き放たれる希望なのだから。
（フックス 二〇二〇：九－一〇頁）

多くの男性と同様、私はそれまで「フェミニズム」というのは、男性による性差別を激しく非難する運動だと思い込んでいた。それゆえ、フックスがフェミニズムを「性にもとづく差別や搾取や抑圧をなくす運動」（同前：八頁）と定義していること、男性による女性への性差別が規模や社会構造からいって何よりも大きな問題であることは疑いえないにしても、フェミニズムが同時に性的マイノリティへの性差別や抑圧をなくそうとし、さらには男性たちを「強くあらねばならない」とする家父長制[*12]への囚われから解放しようとしていることに衝撃を覚えたのだ。

さらに衝撃的だったのは、フックスがフェミニズムの核心を、ジェンダーにまつわる特定の価値観への囚われから自由になり、そうした価値観に足場を置いてきた自分自身が変わり成長することに見出していることだ。ソクラテスが対話相手に「自分が知っていると思い込んでいること」に囚われずに思考することを促し、たんに何らかの知識を頭に入れることではなく、知（ソフィア）への愛（フィリア）によって、思考する自分自身が変わることを哲学（フィロソフィア）とみなしていたとするなら、フックスが言わんとしていたことは同時に哲学することの核心そのものに他ならない（小手川 二〇二〇）。本節では、こうした意味での哲学をまさに実践したフックスをはじめとするフェミニストたちの著述をもとに、哲学とジェンダーという観点から「愛」をどう考えられるかについて検討したい。

男性たちと愛の不在

すでに見たように、男性たちはジェンダーを「哲学的」問題だとみなさず、あたかも自分がそれに無関係であるかのようにして語ることが多い。日本におけるウーマン・リブ運動を牽引した田中美津は『いのちの女たちへ』（原著一九七二年）のなかで、男性たちのこうした態度を次のように批判している。

男について、女について考えるとは、「人間」を、その「生きる」を考えることであって自分をあくまでよそに置いて「ウーマン・リブ」について聞いてくる人に、あたしは不思議だとも、厚かましいとも言い難い思いがわいてくる。ウーマン・リブを女の専売特許だと決めてかかる男の、その傍観者ぶりは、誰に対してよりも己れ自身によそよそしく無関心なのであって、そんな魂のぬけがらみたいな男に、なにをどうわかりやすく話してあげればいいというのか。（田中 二〇一六：七頁）

田中がここで指摘しているように、ジェンダーについて考えるとは、ジェンダーに関わる日常を日々どのように自分が生きているかを考えることであり、女性たちが訴えてきた様々な問題（不公平な扱いやハラスメントや抑圧）が男性たちも常に関与し、多くの場合そこで有形無形の利益を得ている様々な場（家庭、学校、職場）で生じている以上、男性たちと無縁であるはずがない。にもかかわらず、そうした問題に傍観者的な態度をとれるということは、困難を抱えている身近な女性たちに対して無関心であるばかりか、そこで生きている自分自身に無関心であることの表れなのではないか——このように田中は問うている。

五月あかりは、男性たちだけからなる（ホモソーシャルな）関係の特徴として、「誰も好きになっ

＊12　家父長制（patriarchy）とは、家長たる父親が家族を支配し、統率する家族形態のことを指すが、フックスは家父長制を「強い立場にある者が弱い立場にある者を支配し、抑圧する支配形態」として捉え直している（フックス 二〇二〇：三六頁）。

てはならない」という暗黙のルールを挙げている（五月 二〇二三）。職場や学校やクラブ活動などで形成される男性たちの内輪のコミュニティでは、異性愛男性であることが前提とされ、女性的であることや女性との関係が忌避されるとともに、同性愛的な仕草や態度も排除される。その結果、そうしたコミュニティでは、一方で、自分と親密な女性（例えば母や姉妹やパートナー）よりも男性の仲間を優先する（例えば、妻との時間よりも男友達との飲み会を優先する）ことが求められる。そのため、男性は女性を大事にすることができなくなる。他方、そこではコミュニティ全体の維持が優先され、コミュニティ内の特定の男性と個人的な関係を結び大事にしあうことは避けられる。そのため、男性は仲間の男性を個人として気づかったり、大事にしたりすることもできない。では、こうした男性が自分だけの利益を何より優先しているかというと、それも疑わしい、と五月は言う。少なからぬ男性が仲間うちでの「ノリ」を優先して自分の身を危険にさらしたり、自分の心身の健康よりもサークルや組織の都合を優先したりする。要するに、男性コミュニティにおいて男性たちは、女性も、男性も、自分自身さえも愛することができていないのだ。

田中と五月の洞察は、男性中心的な社会にもかかわらず男性たちが必ずしも生きやすいとは言えないのはなぜかを浮き彫りにしている。男性中心的な社会のなかで男性たちがそれなりの利益や優位を獲得しているにせよ、ジェンダーと不可分な日常を自分がどのように生きているか、そうした生き方が自分や周囲にとって良い生き方なのかについて、男性が無関心であるなら、そうした男性は周囲の人々や自分を愛することができていない。だとしたら、筆者自身がそうであったように男性たちがジェンダーに関する事柄を他人事として遠ざけたり、逆にフェミニズム的な言説を男性としての自分への非難のように受け止めて感情的な反応を見せたりするのも、自分の生の中心に潜むこうした矛盾が露わになることを恐れているからなのかもしれない。

愛することへの恐れ

フックスもまたこうした事態を別の観点から——男性に限ったことではなく、社会全般に認められる傾向として——捉えている。無数のラブソングや恋愛ドラマなどで愛は歌われ、描かれてはいるのに、愛について真剣に語ることは敬遠されている。「愛は重要ではない」とか「結局、愛を見つけることはできない」といった風潮が幅をきかせている。フックスによれば、こうした諦念の背景には、人々が誰かを愛そうとして傷ついたり、裏切られたり、失望させられたりした経験がある。結果として、人々は誰かを愛することを恐れたり、愛を語ることに冷笑的になったりする。「結局のところ冷笑主義《シニシズム》は、失望し裏切られた心の大いなる仮面である」(フックス 二〇一六:一五頁)。

学問分野でも、愛について語ることは好まれない傾向がある。[*13]「心 (heart) ではなく頭 (mind) が学問の中心であると信じるように教えられ、私たちの多くは、感情的激しさをもって愛について語ると、弱く理性がない人だとみなされると信じている」(同前:二四頁)。知への愛に由来する哲学でさえ、もっぱら理性的な推論や抽象的な思考を行う「頭」の作業だとみなされ、感情や想像力を含む「心」の働きは非学問的なものとして過小評価されてきた。このような「心」に対する「頭」の優位

*13 ただし近年、愛についての哲学的な議論を踏まえたうえで、ラブソングで歌われる愛について考察した本なども刊行されている (源河 二〇二三)。

は、歴史的に女性よりも「理性的」とみなされてきた男性たちによって哲学が担われてきたことと無縁ではない。フックスもまた次のように述べている。

私はこれまでの人生でずっと、地球上のだれよりも熱心に精力的に女性が熟考するトピックはまず第一に愛であると考えてきた。今もそう信じている。愛についての先見の明がある女性の思想は、まだ男性の思想や書物ほど真剣に受け止められていないけれども。（同前：一七頁）

フックスはこのような観点から、愛をめぐる多様な言説に目を向け、誰かを愛することとはいかなることかについて考えていく。ただし、このような試みは、男性中心的な社会における異性愛規範を批判し続けてきたフェミニズムにとっては、その土台を揺るがしかねない危険な試みでもあった。

フェミニズムと愛

異性愛規範とは何か。それは男女の間の性愛を「正常《ノーマル》」とみなし、同性愛やバイセクシュアルを「異常」とみなす見方である。この規範は、生殖を目的とする家庭内の性行為を「正常」とみなし、生殖を目的としない家庭の外の性行為を不道徳化するような生殖規範とともに、家父長的な社会を支える基本的な価値観であり続けた。これに対してフェミニズムは、愛の名のもとに行われてきた、家庭内での女性や子どもの支配を一貫して告発し続けてきた。

例えば、お茶の間でも人気を博したフェミニストの田嶋陽子は[*14]、『愛という名の支配』（原著一九九二年）において、女性が行う家事労働が結婚によって無賃労働となり、女性が「ドレイ化」されること、にもかかわらずそれが「愛する夫に尽くすこと」として、愛の名のもとに正当化されてきたことを批判した。女性が専業主婦となり、家事労働が無賃で行われるようになると、女性は経済的に夫に依存せざるをえなくなり、夫と妻の間には「身分関係」が生じてしまう。「男と女のあいだが非民主的な身分関係のままでは、愛とは支配の別名になりますし、男の甘えもまた支配の別名になります」（田嶋　二〇一九：六七頁）。こうした上下関係のもとでは「男は女の家事労働や育児に感謝はしますが、それをする女を尊敬はしません」（同前：五一頁）という田嶋の指摘は傾聴に値する。感謝は社長が社員に感謝するように上下関係があるなかでも成り立つが、尊敬はあくまで対等な者同士の関係でしか成り立たない。そして互いに対する尊敬を欠いた男女の関係は、たとえどれだけ家庭内で女性の意見が通りやすかったとしても、結局のところ女性が男性に依存している関係にすぎない。

当然ながらフックスは、フェミニズムが愛を隠れ蓑《みの》にした女性の支配を批判してきたこと、現代社会に根強く残る異性愛規範や（恋愛を他の種類の愛よりも重要視する）恋愛至上主義に異議を唱え続ける必要があることを熟知していた。その一方で彼女は、フェミニズムが「家父長的な男性に対する怒りや憎しみをかきたて愛を遠ざけるような運動」と誤解されてきたことにも警鐘を鳴らしている。

振り返ってみると、フェミニズムが愛について、とりわけ異性愛の男女関係における愛について積

＊14　田嶋陽子の先駆的な業績やその再評価については、『エトセトラ』第2号「We Love 田嶋陽子！」（エトセトラブックス、二〇一九年）を参照。

極的に語ろうとしなかったことによって、わたしたちは、家父長主義的なマスメディアがフェミニズム運動全体を、愛ではなく憎しみにもとづいた運動であるように描くことを許してしまった。男性と結ばれたいと思う多くの女性たちは、男性との絆を深めながらフェミニズム運動にかかわることはできないと感じた。実際には、わたしたちがすべきだったのは、女性や男性がフェミニズムによって愛を知ることができるような世界を拡げることだったのだ。今ではそれがわかる。（フックス 二〇二〇：一六〇頁）

フックスはフェミニズムに対するこうした根強い誤解をただすためにも、愛について積極的に語ることが必要だと訴えるのだ。では、フックスはどのような愛について語ろうとしたのか。

田嶋とフックスは一見すると愛について正反対の主張をしているように見えるかもしれないが、実のところ彼女たちの根本的な主張は一致している。それは、「支配のあるところに愛は存在しえない」（同前：一六一頁）というものだ。この主張は、まずもって愛の名のもとになされる暴力や虐待を愛と混同してはならないことを訴えるものだ。「子どもを愛しているから殴る」と言う親による虐待、「彼女を愛しているから」と言うストーカーによる加害行為には、いかなる愛も存在しない。というのも、虐待や暴力は相手を自分の思い通りに支配しようとするものでしかありえず、相手の自由や主体性を否定し、奪うものだからだ。

他方、この主張は、真の愛が成立するためには、互いに対する尊重がなければならないとするものだ。

真のフェミニズムは必ず、束縛から自由へ、愛のない状態から愛することへ、わたしたちを導いてくれる。パートナーとして互いに尊重しあうことは、愛の土台である。そして、フェミニズムこそは、たがいに尊重しあえるような状況を創ろうとする、わたしたちの社会におけるただ一つの社会運動なのである。わたしたちが、真実の愛は相手を尊重し受け入れることから生まれると認め、また、愛は受け入れることやケア、責任やコミットメントや知識と結びついたものであることを認めるとき、愛はまた正義なしにはありえないということもわかるだろう。（フックス 二〇二〇：一六一―一六二頁 ※翻訳は一部変更）

一見すると、このような主張は愛に過大な要求をしているように見える。もしも完全に対等な関係や互いに対する曇りのない尊重がなければ愛とは呼べないとしたら、そのような愛は果たして存在しうるのか。このような反問は、愛をあまりにも静的に捉えすぎているきらいがある。実際、「正義なしに愛はありえない」というフックスの主張の眼目は、愛が完全に対等な者同士の間でのみ成り立つというよりもむしろ、愛が二人の間にいつでも生じうる支配関係に抵抗し、互いを対等な者として尊重していこうとする運動をなすということだ。先の文に続けてフックスは次のように述べている。

このことを自覚するとき、次にわかるのは、愛にはわたしたちを変える力があること、愛は支配に抵抗する力をくれるということだ。だから、フェミニズムを選ぶことは、愛を選ぶことなのである。（同前：一六二頁）

尊重しあう愛はいかにして可能か

言うまでもなく、ここで問題となっている愛とは、異性間や同性間の性愛や恋愛にとどまるものではなく、親子間や友人間の愛も含めて、互いに相手を自らにとってかけがえのない者として大切にすること、あるがままの相手と共にありたいと欲することを意味する。こうした広い意味での愛は、他人に性的な惹かれや恋愛的な惹かれを感じない人（アセクシュアルやアロマンティックの人々）にとっても重要なものとなりうるだろう。*15

では、このような愛は、いかにして可能となるのだろうか。ここでは、フックスが強調する三つの点――互いのあるがままの尊重、自己の変容、自己への愛――に絞って論じていきたい。

フックスによれば、愛は相手に対する信頼に基づくものであり、嘘や不誠実な態度はこうした信頼を損ない、愛を妨げることになる（フックス 二〇一六：第3章）。しばしば、公の場では誠実で信頼できるとみなされている人が親密な相手（妻や恋人）に対しては平気で嘘をつく。また、相手に気に入られようとするあまり、必要以上に自分を大きく、ないし美しく見せたり、自分の経歴を誇張したりすることもある。こうした偽りの自己や誇張された自己が相手に気に入られたとしても、それは本来の自分が愛されていることにはならないし、相手のこともまた、こうした嘘にだまされたり、上っ面だけで満足したりしている人とみなして見下していることになるだろう。

互いを尊重しあうためには、嘘をつくことをやめて、自らをありのまま相手にさらけ出す必要がある。とはいえ、「自らをありのままさらけ出す」と言っても、最初から相手に自分のことをすべて包み隠さずに知らせればよいわけではない。互いを尊重しあうために、親は子のことを、子は親のことをすべて知る必要はないし、恋人や親友同士も互いのことをすべて知る必要はない。相手のすべてを知ろうとしたり、逐一報告することを求めたりするなら、それは相手の自由を認めない過度な干渉となり、相手を自分の支配下に置くことになってしまいかねない。ここでも、瞬間的に相手のすべてを受け入れることではなく、関係が深まっていくにつれて徐々に相手の多様な側面を理解し受け入れていくプロセスとして愛を捉えることが肝要である。

この点に関連してフックスは、例えば「一目惚れ」や「恋に落ちる」といった表現に代表されるような、恋愛に関するよくある語り方を実態に即したものに変えていくことを提唱している（フックス二〇一六：二〇三頁）。確かに、人は他人の容姿やとっさの言動に接して、「一目で恋に落ちる」ことがあるかもしれない。しかし、「一目惚れ」は必ずしも相互的な愛につながるとは限らないし、そうした感情が長く続く愛情関係の発端となることがあるとしても、重要なのはむしろ、その後に時間をかけてどれほど関係を深められたかという点にあるだろう。それゆえ、恋愛について語るときに「恋に落ちた」と言う代わりに、相手のことを「愛しつつある」とか「愛そうとしている」と言うなら、恋愛についての見方や考え方も変わっていくのではないか。そうすれば、愛を瞬間的・運命的なものとしてではなく、互いを知ろうとする持続的な努力に貫かれたものとして捉え直すことができるのではないか。実際、相手のあるがままを愛するためには、相手がもつ特定の属性や外見に快感や満足を感じるにとどまらず、かけがえのない相手の成長や変化を受け入れていく必要がある。もしもその人

＊15　アセクシュアルやアロマンティックについては、デッカー（二〇一九）を参照。

が現時点でもつ属性や容姿のためだけに相手を愛するなら、同様の属性や容姿をもつ別の相手でもよいことになるし、相手がそうした属性や容姿を失えば愛せなくなってしまうだろう。あるがままを愛することは、相手の現状を愛するだけでなく、成長したり老いたりしていく相手を取り替えのきかない人として愛することなのだ。

だとすると、相手を愛することは、自分の理想を相手に押しつけて、自分が望むような属性や容姿を相手がもつことや失わないことを強いるのとは対極にある。それは、自分の理想通りに相手を変えようとするのとは逆に、相手の変化や要求に応じて自分が変化しようとすることを伴う。「……真の愛に関わるときには、私たちはより完全に自己実現できるような形で愛する人によって変えられ、影響を受けようとする。変化へのこのコミットメントは、選択される」（同前：二一二頁）。ただし、フックスが「より完全に自己実現できるような形で」と述べているように、愛における自己の変容は、相手の理想に自分を無理やりにでも近づけようとすることを意味するわけでもない。それはむしろ、自分のあり方や価値観を絶対視することも、自分のこれまでの生き方をなかったことにすることもなく、相手のために自ら変わろうとすることを意味する。例えば、子どもを愛する親なら、自らの経験を支えとしながらも、自分の価値観を子どもに押しつけることなく、子どもの成長に応じてよりよい親になろうとするだろう。

最後に、相手のあるがままを愛することは、自らのあるがままを愛することと不可分である。しかし、自分を愛することはたやすいことではない、とフックスは言う（同前：七八頁）。人は自然に自分を愛することができるようにはならず、自分を愛する方法を学ばなければならないからだ。実際、自分を甘やかしたり、他人の利益よりも自分の利益を優先したりすれば、自分を愛することになるわけではない。私たちは社会の美的価値観を学び、社会のなかで「美しい」とか「男らしい／女らしい」とされる身体を評価し欲するようになればなるほど、そうした美の基準や「男らしさ／女らしさ」から外れる自分の身体の部位に羞恥心や嫌悪感を抱いたりするようになる。また、家父長的な社会のもとで、感情を表に出さず、自分の弱みを見せないよう教えられて育った男性たちは、自分が抱く様々な感情や身近な人から愛されたいという気持ちを「男らしくない」ものとみなして、隠したり無視したりすることがある。他方、女性たちは自己主張をすることが「女らしくない」とみなされがちであるため、自分が軽視されても怒りや悔しさを押し殺して、「言うべきときに自分の考えを主張するよりはむしろ、聞き手が喜ぶだろうと思うことを言うことがよくある」（同前：八五頁）。このように往々にしてジェンダーと結びついた仕方で、自分の身体を卑下したり、自分の感情から目を逸らしたりすることによって、人は自分を愛することから遠ざかってしまう。

それゆえ、自分を愛することができるようになるためには、たんに個々人の気持ちの持ちように問題を帰すのではなく、各人が自分の身体や感情を蔑ろにされずにそれらを愛することができるような環境を創り出していくことが重要となる。例えば、子どもが親や周囲の大人から大事にされることで、自分の成し遂げたことや自分の容姿のために自分に価値があるのではなく、自分がそれ自体で価値あるものだということを知ること（小手川 二〇二〇：第3章）、あるいは、大人になってからでも、辛いときには我慢しなくていいと声をかけてもらったり、組織の都合よりも自分の心身の健康を優先することを後押しされたりすること、こうしたことを通じて自己愛は育まれていく。

それでも、どのように自分を愛すればよいのか、わからないと思う人もいるだろう。その場合、自分が他人からどのように愛されたり、尊重されたりすることを望むのかを想像してみるとよいとフックスは言う。

私が、自分の四〇過ぎのからだを見て惨めな気持ちになり、肥え過ぎ、あれもこれも付き過ぎと思ったときがあった。それでも、ありのままの私として愛されるという贈り物を与えてくれる恋人を見つけることに夢中になった。私が自分では与えない受容と肯定を、他のだれかが私に差し出してくれることを夢見るのは、ばかげたことではないだろうか。「自分自身を愛することができなければ、だれも愛することはできない」という格言は、きわめて道理にかなっている。それに私は次のように付け加える。「自分自身に与えていない愛を、だれか他の人から受けようと期待してはいけない」。(同前：九四頁)

このように考えると、私たちが求めているのは、不特定多数の人たちから「モテる」こと——社会的にも価値があるとみなされやすい容姿や言動に対して好意を抱かれること——ではなく、自分の身体や感情を蔑ろにされずに、かけがえのないものとして肯定され大事にされるという意味で「愛される」こと、自らの身体や感情を自分自身があるがままに愛せることに気づかせてくれ、後押ししてくれるような人々と出会い、互いに大切にしあうことであるというのが明らかになってくる。互いを尊重しあう愛とは、この当たり前のように見えて困難な——ただし理想的なものではなく、日常生活の節々で実現されてもいる——愛のことを指すのだろう。

私たちは、ジェンダーを哲学することから出発して、ジェンダーと切り離せない身体のあり方について再考し、自分と他人の身体をあるがままに愛しあう可能性に辿りついた。こうした思考のプロセスこそ、少なくとも筆者にとっては、身体や愛といった身近な——だからこそ私たちが目を向け直すことが少なく、ある意味で「疎遠」となってしまっている——事柄に関して、既存の哲学や私たち自身の思考のあり方を問い直す試みをなしていた。このような思考の歩みを経て、ここから先、自分や他人のジェンダーや身体、愛についてさらにどのように考えていくのかについては、読者にバトンを渡したい。

＊　＊　＊

【読書ガイド】

・シモーヌ・ド・ボーヴォワール『第二の性』『第二の性』を原文で読み直す会訳、河出書房新社、二〇二三年〔解題〕ジェンダーを哲学し、哲学をジェンダーから再考するうえで必読の書。一九四九年に原著が出版されて以降、世界中で翻訳され、各国のフェミニズム運動に多大な影響を与えたが、哲学やフェミニスト理論としては過小評価されてきた。近年、ガルシア（二〇二三）を筆頭に、フェミニスト哲学としての再評価が進んでいる。

・稲原美苗、川崎唯史、中澤瞳、宮原優編『フェミニスト現象学入門』ナカニシヤ出版、二〇二〇年〔解題〕ボーヴォワールが切り拓いたフェミニスト現象学という手法を継承し、ジェンダーに関する人々の日常的な経験に立ち戻り、一四個のトピックにわたって論じた入門書。本書から入門して、同じ編者たちによる、より専門家向けの『フェミニスト現象学——経験が響きあう場所へ』（ナカニシヤ出版、二〇二三年）へと進んでほしい。

・『分析フェミニズム基本論文集』木下頌子、渡辺一暁、飯塚理恵、小草泰訳、慶應義塾大学出版会、二〇二二年〔解題〕英米圏で発展した分析哲学に基づいて、ジェンダーにまつわる基本的な概念（ジェンダー、性自認、性的モノ化）や実践的な問題（トランスフォビア、人種差別、認識的暴力）について精緻に論じた論文集。哲学の概念分析や概念的な思考が机上の空論ではなく、現実的かつ実践的な問題につながっていることを実感できる。

第2章　ジェンダーをめぐる認識的不正義
——マスメディアの企業風土と組織の証言的不正義

私たちは様々な方法で真理や知識を獲得している。[*1] 例えば、友人や同僚と会話すること、書籍や雑誌を読むこと、インターネットで検索するなどだ。そのなかの一つに、テレビや新聞、雑誌などのマスメディアから真理や知識を獲得するという方法がある。マスメディアとは、新聞（オンラインニュースを含む）、テレビ、雑誌、映画など、情報提供者（話し手や書き手）が匿名の受け手に情報やメッセージを一方向的に伝達する媒体のことである（林&田中編 二〇二三、山田 二〇二二）。近年では、SNSなどのデジタルメディアを通して個人がインターネット上で多様なネットワークを結び、双方向の情報発信をすることも増えている。それでも、国際社会の動向や、政治、経済、社会、

＊1　認識論では、真理、信念（ドクサ）、知識の概念は区別されて使用されており、以下の議論でも大まかに踏襲されている。ただし、本章の焦点である認識的不正義論や社会認識論では、真理や知識の伝達や不正な扱いに焦点があり、真理と知識を厳密に区別する必要性があまりないため、厳密に使い分けられていないことも多い。本論文でも、真理と知識の違いについて詳しく説明せずに用いている。信念という概念については、第3節における無知の本性において簡単に説明される。

裁判、教育といった国内の状況、文化的な出来事や地域の主要なニュースなど、市民が生活するのに重要な真理や知識を獲得するうえで果たすマスメディアの役割は今でも小さくない。

このような役割があるにもかかわらず、マスメディアによって特定の真なる情報が報道されなかったり、歪曲化・矮小化されたり、その重要性が過度に過小評価されたりすることがある。近年のジャーナリズムやマスメディア論におけるジェンダー研究では、日本のマスメディア企業で男性中心の偏ったジェンダー規範が蔓延していることが指摘されている（林 二〇一一、林&田中編 二〇二三、北出 二〇二三、国広&花野 二〇二二、田中&諸橋編 一九九六、WiMN 二〇二〇）。そのせいで、例えば、ニュースに取り上げられる人々が男性に偏りがちであったり、犯罪報道で女性被疑者に「母親」としての性別役割規範が押しつけられて非難されたり、性犯罪において女性被害者に落ち度があるかのような表現が用いられたりすることが報告されている（四方 二〇一四、二〇一八）。

マスメディア企業がこのように、組織として取材先からの情報を不当に無視したり、歪曲化・矮小化したり、場合によって隠蔽したりしているなら、その企業は、取材先の人物や取材班に対して、その情報提供者としての能力を貶めている点で認識的不正義（epistemic injustice）を犯していると考えられる。「認識的不正義」とは、人々の社会的アイデンティティ――その人々の人種、民族、社会階級、社会階層、ジェンダー、セクシュアリティ、国籍など――に対する偏見、家父長制などの偏った社会規範、健常者優先主義などのイデオロギー、あるいは、いびつな権力関係のせいで特定の人々の証言が無視されたり、その人々の実体験や経験に基づく知識が矮小化されて理解されたり、先立って沈黙させられたりする不正義のことだ。二〇〇七年にミランダ・フリッカーが、証言的不正義（testimonial injustice）と解釈的不正義（hermeneutical injustice）という二種類を提示して以降（フリッカー 二〇二三：第1、7章）、現在、様々な形態の認識的不正義が論じられている。[*2]

本章が着目するのは証言的不正義である。フリッカーによれば、証言的不正義とは、情報提供者の社会的アイデンティティに対する偏見のせいで、その人の証言が不当に無視されたり、過小評価されたりする不正義のことである。[*3] ここで「証言（testimony）」とは、裁判所で証人が発話する内容に限られず、今朝の食事の話から科学的発見に関する話題まで、他者の発話や原稿すべての内容を指しており、テレビや新聞などのマスメディアからの情報も含まれる。もちろん、マスメディアの役割は、

＊2　現在の研究では、「認識的不正義」という言葉は、フリッカーの示した証言的不正義と解釈的不正義のほか、多様な種類を包括する傘概念として用いられている。

＊3　解釈的不正義とは、マイノリティや社会的に力の弱い立場にある人々が、社会で流通している言葉やその表現方法、すなわち、社会における解釈資源が不十分であるために自分の経験を適切に理解することを妨げられるという不正義である。例えば、フリッカーは、産後うつ病を患っていたウェンディ・サンフォードの事例を挙げている（フリッカー 二〇二三：一九一－一九二頁）。出産後の女性のなかには、育児に対する緊張や子どもを好きになれない自責の念などから気分が落ち込んだりイライラしたりする人がいることが知られている。現在、この症状は「産後うつ病」として理解されるが、この知識が社会に広く認識されるようになったのは一九六〇年代である。サンフォードは、産後うつ病という病名がまだ一般には知られていない状況のせいで、出産後にうつ症状で苦しむ自分の経験を適切に意味づけることを妨げられている。さらに、当時の社会に家父長的規範が広く浸透していたせいでサンフォードは、女性がすべきと見なされていた家事や育児をしたくないだけだと非難されたり、家事や育児を放棄するわがままな女だと一方的に責め立てられたりしたこともあった。解釈的不正義についての詳しい日本語での解説は、佐藤（二〇二三ａ）を参照。

取材先から入手した証言をそのまま伝達することではないだろう。冒頭で示唆したように、マスメディアは、市民にとって価値をもつ真理や知識を伝達する証言を選別したうえで、市民にわかりやすい形で報道することにある。では、マスメディア企業が組織として、情報提供者としての取材先の人物やその取材班に証言的不正義を犯していると言えるのは、いかなる場合だろうか。

本章の目的は、マスメディア企業に広がる男性中心の偏ったジェンダー企業風土に注目し、そのせいでジェンダーに関係する取材内容についての組織的な証言的不正義が引き起こされうることを明らかにすることである。具体的には、組織の証言的不正義とは、偏った組織風土（後に「組織的エートス」として定式化される）のせいで無知が生じる——組織が信じるべき証言を信じなかったり、態度保留にしたり、その証言を受けとる機会を不当に回避したりする無知を犯す——ことで、取材先の人物や取材班の情報提供者としての能力を不当に貶める不正義である。本研究は、日本のマスメディア企業について分析することで、マスメディア企業では男性中心の偏ったジェンダー企業風土に起因して、女性の活動や事件に焦点をあてる取材内容が軽視されたり、歪曲化・矮小化されたりして組織的無知が生じることで、証言的不正義が生じていることを明らかにする。

以下の議論の構成は次の通りである。第1節では、フリッカーの定式化した個人が犯す証言的不正義の主要な四つの特徴を確認する。第2節では、組織の証言的不正義を、〈偏った組織風土テーゼ〉と〈悪質な組織的無知テーゼ〉の二点から特徴づける。第3節では、〈偏った組織風土テーゼ〉に焦点を当て、偏った組織的エートスについて定式化したうえで、日本のマスメディア企業における男性中心の企業風土を明確にする。第4節では、〈悪質な組織的無知テーゼ〉に焦点を当て、組織の証言的不正義は、取材先の人物や取材班の証言に対する無知に起因することを明らかにする。第5節では、結論を述べたうえで、今後の課題として、ジェンダーに関係する報道内容についてのマスメディア企業による発信型の証言的不正義のリスクとそれに対する社会的責任について示唆する。

1　個人が犯す証言的不正義

本節では、フリッカーが提示した証言的不正義の主要な特徴を確認する。*4 フリッカーは、証言的不正義について次のように説明している。

話し手がこのような系統的な証言的不正義を被るのは、聞き手がもつ〈話し手の〉アイデンティティに対する偏見のせいで、その話し手が不足した信用性しか受けとらなくなるとき、そして、そのときに限られる。よって、証言的不正義の中心事例とは、アイデンティティに対する偏見を原因とする信用性の不足なのである。（フリッカー　二〇二三：三八頁）

証言的不正義の主要な四つの特徴を説明しよう。一つ目は、情報提供者の社会的アイデンティティに対する偏見的ステレオタイプに起因する（以下「特徴①」とする）、二つ目は、情報の受け手（聞

＊4　証言的不正義についての以下の特徴づけは佐藤（二〇二三ａ）を参照しており、一部、自己引用している。

き手）がそのせいで情報提供者の信用性を不当に評価する（特徴②）、三つ目は、その結果、情報提供者の証言が無視されたり、過小評価されたりするだけではなく、先だって沈黙させられることで証言の伝達を先制的に妨げられる（特徴③）、四つ目は、認識主体（証言者）としての情報提供者が貶められる（特徴④）。

フリッカーが挙げている映画『リプリー』の一場面を取りあげて、ジェンダー・ステレオタイプの証言的不正義について見てみよう。[*5] 物語の舞台は一九五〇年代である。造船業で成功した富豪ハーバート・グリーンリーフ叔父は、イタリアで放蕩生活を送っていた息子ディッキーを連れ戻そうとして、パーティで知り合った青年トム・リプリーにそのことを依頼する。しかし、リプリーがディッキーと彼の婚約者マージ・シャーウッドのもとを訪れてから数日後、ディッキーは忽然と姿を消す。マージは、ある日、ディッキーが「生涯、外さない」と自分に誓ってくれたはずの指輪をリプリーの部屋で発見したことで「リプリーがディッキーを殺した」と確信する。しかし、マージがグリーンリーフ叔父と会い、ディッキーの失踪について自分の考えを述べようとすると、叔父は（ディッキーには、マージの知らないところで数々の浮名を流していた噂があるため）、女性はこのような事件に首を突っ込まないほうが身のためだと考えて、マージに「女の勘とは別に、事実というものが存在するのだよ」と言って突き放す。しかし実際には、マージが確信した通り、ディッキーはリプリーに殺されていたのだった。

この事例で、グリーンリーフ叔父は当時のジェンダー・ステレオタイプ、すなわち、「女性」に対して「直感に頼りすぎていて合理性に欠ける」という見方を効果的に発動させることで（特徴①）、マージがどのぐらい信用できるのかについて証拠に照らして判断することなく（特徴②）、一時的な感情にかられた信憑性の低い話として聴く耳を持たないどころか、恋人ディッキーの消失に取り乱す女性としてパターナリスティックな同情を寄せさえする（特徴③）。その結果、マージは証言者としての彼女の能力を貶められている（特徴④）。

特徴①〜④について詳しく見てみよう。特徴①について、証言的不正義は偏見的ステレオタイプに

＊5　日本での事例も報告されている。例えば、岸見（二〇二三）は、日本における入国管理行政の現場で生じている証言的不正義や解釈的不正義について詳しく論じている。二〇二一年三月、名古屋入管の収容施設で、スリランカ人女性のウィシュマ・サンダマリさん（当時三三歳）が適切な治療を受けることができず死亡した。ウィシュマさんは、適切な診療を繰り返し求めていたにもかかわらず、職員には自分の訴えは嘘だと見なされ、彼女の訴えは入管の職員にまともに受けとめてもらえなかった。さらに、施設内の監視カメラ映像には職員が彼女を嘲る様子が記録されている。このことからウィシュマさんは、自分の訴えを不当な仕方で無視され、証言者としての尊厳を貶められる深刻な証言的不正義を受けていたと考えられ、そのせいで、人権侵害を含む劣悪な差別的な扱いに苦しんでいたと思われる。

佐藤（二〇二三b）は、教育現場で教師から受ける証言的不正義について説明している。ウガンダ共和国と日本にルーツを持つ三浦アークさんは、中学生の頃、クラスメイトから「黒人だからスポーツができる」と一方的に運動部への入部をすすめられ、スポーツが苦手な様子をからかわれたり、日焼けした同級生から「アークの（黒い）肌に近づいてきた」と言われたりした。アークさんが担任教師にこのことを相談したとき、「アークは他の人と違っているんだから周りがそのような態度をとるのは仕方ない」と言われて、まともに取り合ってもらえなかった。この事例でアークさんは、クラスメイトから日常的な差別を受けているだけではなく、信頼できると思って相談した教師からさえ、自分の話しを誠実に受けとめてもらえない証言的不正義を受けていたと思われる。このような身近な人々から裏切られる形態での証言的不正義については、松本&佐藤（二〇二四）を参照。

起因する場合、偏見の所持者自身でも気づかないうちに不正義を犯していることがある。現在の社会心理学研究では、ステレオタイプは潜在的バイアスとして非反省的に機能しうることが指摘されている（北村&唐沢編 二〇一八：第1章）。このことを踏まえると、潜在的バイアスとしての偏見的ステレオタイプは、その所持者自身が気づかないうちに持っていたり、発揮したりしているリスクがある。そのため、このような偏見的ステレオタイプに基づく証言的不正義は、肌の色の違いなどに基づく露骨に人種差別を行う古典的レイシズム（old-fashioned racism）[*6]が広く批判され、「人はだれでも平等である」という平等主義的な価値が広く受容されている現在の状況でも問題となる（フリッカー二〇二三：1・2節）。例えば、『リプリー』においてグリーンリーフ叔父は、女性蔑視の差別感情を個人的にもっているわけではないにしても、家父長制規範が当時の社会に流布されているせいで、そのジェンダーの価値観を内面化しており、マージに対して偏ったジェンダー・ステレオタイプを押しつけて知覚している。

特徴②について、証言的不正義は、偏見的ステレオタイプのせいで情報の受け手が情報提供者の信用性を不当に低く判断する結果として生じる。会話やネット情報を通じて証言を受けとるとき、私たちは相手から真理を獲得するために、情報提供者がどれぐらい信用できるのかを証拠に照らして判断しなければならない。ところが、偏見的ステレオタイプに基づいてその情報提供者の信用性判断を行うと、情報の受け手は、そういった適切な証拠を踏まえずに偏見で判断してしまう。これは、聞き手が適切な証拠に照らして判断するべき認識上の義務を果たしていないことを意味する。

次に、特徴③について、人々が証拠に照らして信用性判断を行うべきという義務を果たさないことは、情報提供者の証言を不当に無視したり、軽視したり、歪曲化・矮小化したりすることにつながる。私たちは、欲しい知識を独力で収集するだけではなく、他者と証言を交わし、応答し合いながら必要な知識を見つける探究者であったり、自分の知識を他者のニーズに沿って選択的に伝える情報提供者であったりする。そうして、私たちは、他者との証言上の交流を通じて獲得される信念――すなわち、証言的信念（testimonial belief）――を形成している。この点で人々は、適切な仕方で他者と依存しあいながら知識を能動的に収集し、自分たちの望む真理や知識の獲得や伝達にかんするニーズに応じて証言をやり取りし合う認識主体なのであり、決してＡＩロボットのように（質問者の意図やニーズを推し量ることなく）与えられた質問に自動回答するだけの客体的な存在ではない。

このことを踏まえると、話し手の証言を不当に無視、軽視、歪曲化・矮小化することは、特徴④、すなわち、情報提供者としての他者の尊厳に敬意を払わない点で相手の認識主体性を貶めている。フリッカーは、話し手から知識を伝達し合う能動性を奪い、まるで年輪から樹齢を推定される樹木のように情報を引き出される受動的なモノとして扱われることについて次のように述べている。

人々は、主体からモノに格下げされ、能動的な認識的行為者の役割を奪われ、知識がそこから引き出される受動的な事態という役割に追いやられる。この人々は、知識のための能力を協力しながら

＊6　肌の色の違いなどの顕著な特徴をもとに人種化（racialization）し、その人種を劣っているとみなす露骨な偏見を発揮したり、悪意をもって差別的な行為を犯したりすることを指す（例えば北村＆唐沢編 二〇一八：第1章）。

発揮する参加者の役割を剥奪され、受動的な傍観者の役割を割り当てられる―このような役割では、人々は、モノのように、情報を与えうる事態が果たす機能に等しい認識能力しか発揮することができないのだ。（フリッカー 二〇二三：一七二頁）

さらに悪いことに、証言的不正義は、黒人や女性といった特定の社会的アイデンティティに対する偏見に起因して生じるため、話し手のことを、特定の社会的アイデンティティをもつ主体としても侮辱している。このように、証言的不正義は、情報提供者を認識主体として貶めるだけではなく、社会的グループのメンバーとしても象徴的に侮辱しているのである。

証言的不正義の以上の特徴をまとめると次のようになる。

① 証言的不正義は、露骨に悪質な動機や意図をもつ人物だけではなく、情報提供者に対する偏見的ステレオタイプをもつ個人も犯しうる。
② 聞き手が、情報提供者の信用性を適切な証拠に照らして判断せず、偏見に基づいて判断する。
③ そのせいで、情報提供者の証言が不当な仕方で伝達を妨げられる――無視されたり、過小評価されたりする、歪曲化・矮小化されたりする、あるいは、沈黙させられたりする。
④ 情報提供者は認識主体としての能力を貶められる。

2　組織が犯す証言的不正義

前節で確認したフリッカーの議論では、証言的不正義の加害者が個人であることが前提とされている。しかし、冒頭の事例で示唆したように、証言的不正義は組織が犯すこともありうると考えられる。本節では、マスメディア企業を事例として、男性中心の偏ったジェンダー企業風土に起因して組織が犯す証言的不正義のあり方がどのようなものなのかを示唆する。

現在のジャーナリズム論やメディア研究では、マスメディア企業において偏ったジェンダー組織風土が蔓延り、そのせいで様々な問題が生じていることが指摘されている（林 二〇一一、林&谷岡 二〇一三、北出 二〇二三、国広&花野 二〇二二、四方 二〇一四、二〇一八）。マスメディアにおける事実の故意の無視や歪曲化・矮小化について見てみよう。

【マスメディアによる事実の無視や歪曲化・矮小化】

第二次世界大戦の反省から、日本のジャーナリズムは、報道内容について政府や特定の政党などの権力者からの圧力を受けたり操作されたりすることなく、「第四の権力」として、幅広い読者に受けいれられる客観的な姿勢を目指してきた（山田 二〇二一）。これを報道における「客観性原則」と言う。しかし、この客観性原則は、「客観性」の内実が不明瞭なことが多く、そのせいで権力者に都合よく用いられやすい。そのため、報道の意思決定権がある上位管理職が男性に占められているマスメディア企業では、報道内容にかんする偏ったジェンダー規範が見られる。例えば、女性解放運動を報じる新聞記事やニュースは敬遠される傾向が見られたり、犯罪報道では女性被疑者に対して、「母親」などの性別役割規範を押しつけて母親としての責任感が欠如していると非難されたり、性犯罪では女性被害者にも落ち度があると決めてかかるような表現が用いられたりする（田中&諸橋編一九九六、四方二〇一四、二〇一八）。

マスメディアは、男性中心の偏ったジェンダー観を反映させた内容を「事実」と報道することで、結果的に、本来の取材内容を無視したり、軽視したり、歪曲化・矮小化したりしている。林（二〇一一：第1章）は、このような偏ったジェンダー企業風土のマスメディアを「オトコのジャーナリズム」と呼んでいる。オトコのジャーナリズムを支える男性への権力の集中は隠蔽されて維持されがちである。また、男性従業員のなかにこういったことに気づいている者がいても、在職中には所属企業への厚い（が道徳的に正しいとは言えない）忠誠心を優先して表立って批判せず、退職後に批判を始めるという傾向がみられるため、結果として、そういった男性たちからの自浄作用を期待することは難しい（北出二〇二三：一二二頁、中二〇一八）。

このように、日本のマスメディア企業には「オトコのジャーナリズム」と呼ばれる偏ったジェンダー企業風土と、男性に集中する権力性が蔓延しており、この偏った報道環境のせいで、取材先の女性やその女性の取材班は情報提供者として不当な扱いを受けている。例えば、女性解放運動という社会的出来事についての取材班の証言が報道されなかったり、矮小化して伝えられたりすることや、女性に押しつけられる性別役割規範のせいで犯罪事件において一方的に犯罪者扱いされたり、謂れのない非難を浴びたりすることなどが報告されている（林 二〇一一、北出 二〇二三）。このような事実は、取材先の女性や取材班が、報道内容の証言者として、マスメディア企業という組織から証言的不正義を被っていることを示唆している。

したがって、証言的不正義は、フリッカーが想定していた個人によるものだけではなく、組織が犯す種類がありうる。では、組織が犯す証言的不正義とはいかなるものなのだろうか。前節で挙げた証言的不正義の特徴①〜④を踏まえて、組織の証言的不正義は、次のように特徴づけられると私は提案する。

⑤〈偏った組織風土テーゼ〉組織の証言的不正義は、露骨に悪質な動機や意図（例えば、事実を隠蔽しようとする意図）によるだけではなく、組織内の偏った企業風土のせいでも犯しうる。

⑥組織内の偏った企業風土のせいで、組織の中枢メンバーが取材先の人物や取材班に対する信用性を適切な証拠に照らして判断せず、偏ったジェンダー組織風土に沿って信用性を判断したりする。

⑦〈悪質な組織的無知テーゼ〉組織全体が、証拠に照らすと信じるべき証言を信じなかったり、態度保留にしたりする無知を犯したりすることや、取材を禁止したり不当に規制したりする――すなわち、取材先や取材班の証言を先立って封じる――意味での先制的な（悪質な）無知を犯す。その一方で、取材されていた証言内容が不当に歪曲化・矮小化されたり、不都合な事実が隠蔽されたりする。

⑧取材先の人物や取材班は、情報提供者としての能力を貶められる。

特徴⑤〜⑧のなかで、個人による証言的不正義と大きく異なり、組織の証言的不正義に固有な特徴は、⑤〈偏った組織風土テーゼ〉、⑦〈悪質な組織的無知テーゼ〉である。以下では、それぞれを第3、4節で検討しよう。

3　マスメディア企業における偏ったジェンダー組織風土

本節では特徴⑤〈偏った組織風土テーゼ〉について明確にしよう。⑤が主張することは、組織が犯す証言的不正義は、個々の従業員がもつ偏見や差別意識ではなく、組織内に浸透した偏った企業風土に要因がある、というものだ。組織風土とは、おおよそ、一部の権力者の判断や行動だけではなく、権力者が幅を利かせる企業体質が個々の従業員の意識にも浸透したりすることで、従業員の集合的な判断や行為に強い影響を与えるものだと言える。例えば、自動車保険の組織的な水増し請求という不正が発覚したB社の事例を考えよう（日本放送協会 二〇二三）。B社の不正は、従業員に理不尽な叱責をしたり、不合理な降格人事を繰り返したりしたとされる幹部の悪徳な判断や行為だけではなく、過酷なノルマのせいで多くの従業員も過度に委縮し、利益至上主義の組織体制に陥ったことで不正に手を染めたという側面が見られる。あるいは、後に述べるように、マスメディア企業は、長時間かつ不規則な業務形態が常態化していると言われるマッチョな価値観を反映した企業風土が蔓延している。例えば、長時間労働や不規則な労働時間が当たり前なものと見なされ、女性が出産や育児をしながら仕事を続けたり、キャリアを積み重ねることを諦めざるをえなかったりする（北出 二〇二三、国広&花野 二〇二一、WiMN 二〇二〇）。以上の事例は、人々の判断や働き方に影響を与える組織風土が存在することを示唆している。組織風土については、後にフリッカーの提示する「組織的エートス」という概念を手がかりに明確にしよう。

以下では、マスメディア企業における偏ったジェンダー規範を分析することで、その偏ったジェンダー組織風土を「組織的エートス」の一つとして明らかにしよう。

組織としての認識的行為者

まず、認識的行為者としての組織とは何かを明らかにすることから始めよう。組織が証言的不正義の加害者であると言えるためには、組織が証言を受けとる（あるいは、その証言を聞き流したり、無視したりする）行為者であるとはどのようなことなのかを明確にする必要がある。

はじめに、組織と集団（collectives）を区別しよう。組織の具体例には、会社や企業、保育園、学校、大学、警察、裁判所、NPO法人、政府、国連などが含まれる。このような、組織は単なる集団と以下の点で区別される。[*7]

＊7　組織の定義や、組織の証言的信念の定義などについては、ラッキーによる組織の信念を参照している（Lackey 2021, Chapter 2）。

【組織】Gが組織であるのは、Gが共通の目標と内部の構造をもっているときである。

例えば、鈴木さんがA市の市役所に勤務する公務員であるとする。この市役所は市民の公的サービスを提供することを目的とする組織であり、様々な部門や部署で異なる業務が遂行され、業務内容や手続き方法などが細かく定まっている。鈴木さんは、特定の部門や部署に配属されており、組織の目的に沿って所定の業務をこなしているだろう。このように、鈴木さんは組織の一つとしてのA市の市役所メンバーの一人である。それに対して、鈴木さんが暮らすA市は、それ自体、組織ではない。住民はA市民のメンバーではあるが、他の市民と特定の共通目的を共有して組織的な活動に従事しているわけではないからである。もちろん、鈴木さんは、例えば、近隣住民との団地の交流などを行っているかもしれないが、それは団地という別のグループメンバーとしての活動であって、A市民たちと遵守すべき共通の規則や規範を共有しているということではない。

組織の定義を踏まえると、マスメディア企業は組織の一つであると言える。特定の経営方針、規則、規約が存在し、従業員はそれらに従いながら、様々な社会的出来事にかんする重要な情報を市民に提供するというマスメディアの目的を果たしている。その組織は様々な部門や部署から構成され、従業員の職務も部長、次長、編集長、幹部編集者、取材班などに分かれている。報道内容についてどのような内容をいかに報道するかを最終的に決定する意思決定の中枢機関も存在する。

次に、組織が認識的行為者であるとはいかなることなのかを明確にしよう。ある組織が認識的行為者とみなされるためには、その組織が集団で熟慮あるいは推論に従事する能力を備えている必要がある（Lackey 2021, p. 9）。「組織による熟慮あるいは推論」とは、例えば、組織が全体として何かを信じる際に、その内容を支える証拠に十分に注意する感度があり、必要に応じて信念を改訂できる能力がある、また、その信念が合理的かどうかにかんして評価を受けることができる、といったことである。例えば、ある大学が学内での学生の喫煙率が高いという調査結果を得たために、学生の健康維持・促進のためにキャンパス内の禁煙化を決定し、喫煙者に特定の喫煙所を設けるといった対応を約束するとアナウンスしたとする。このケースでは、大学執行部が学生の健康維持・促進を目的に、信頼できる証拠に基づいてキャンパス内を全面禁煙化すべきだとする信念を形成しており、また、喫煙者からの反対意見を考慮し、それに適切な応答を返すことで正当化している。このことから、この大学は組織としての認識的行為者であると言えるだろう。

以上から、組織が認識的行為者と言えるためには、その組織が、個々のメンバーとは別に証拠を踏まえる能力があったり、信念を改訂する能力があったり、合理的な信念かどうかを評価できたりするのでなければいけない。先ほどの組織についての定義と合わせることで、組織の認識的行為者性は次のように説明できる。

【組織の認識的行為者性】組織Gが認識的行為者であるのは、(i)Gが共通の目標と内部の構造をもっている、かつ、(ii)Gがグループ内で熟慮あるいは推論に従事する能力を備えている。

先ほどの、ある大学がキャンパス内の禁煙化の決定を行った事例を取りあげよう。メンバーのなかにはキャンパスの禁煙化に賛成したり、反対したりする者がいることだろう。もし大学が調査などを一切行わず、一方的にキャンパス内の禁煙化を決定するような団体であるなら、その大学は組織として認識上の証拠を検討したり考慮したりしていないため、合理的な認識的行為者とみなすことはできない。あるいは、この大学が検討したり考慮したりするのは、真理や知識獲得に貢献する意味での認識上の証拠ではなく、自分たちの利益になったり、都合がよいといった実利上の（practical）証拠——例えば、キャンパス内の禁煙化によって政府から大学への補助金が受け取れるという証拠など——だけであるなら、その大学の信念形成は証拠に基づくものであっても、認識的行為者であるとは言えない。この大学が組織として認識的行為者であるためには、認識上の証拠を踏まえて信念を評価できる能力が備わっていなければならないのである。

しかし、組織が熟慮あるいは推論に従事する能力を備えているとはどのようなことなのだろうか。組織のメンバーは全員、熟慮や推論に参加しなければならないのだろうか。この疑問に対しては、組織が信念を形成するためには、組織の意思決定に関与するメンバーが代表として熟慮や推論に従事する能力があることで十分だ、と答えられるだろう。トゥオメラ（1992, pp. 295–6）は、グループの重要事項について意思決定ができる立場にある人々を「中枢メンバー（operative members）」と呼び、その他の人々はその決定を受容する「非中枢メンバー」と区別する。例えば、キャンパス内の禁煙化の決定を下すのは大学執行部であり、中枢メンバーである。そのため、多くの大学の職員や教員はその決定プロセスに直接には関与しないとしても、大学執行部の決定は大学という組織全体が下した判断だとみなされる。もちろん、大学の教職員や学生の中には、キャンパス内の禁煙化に対して反対する信念をもっている者もいるだろう。しかし、大学の執行部のメンバーが証拠を踏まえて信念を形成する限り、その大学を代表する中枢メンバーが適切な熟慮や推論を経て獲得した信念は、大学全体で形成されたものとみなすことができる。

以上を踏まえると、【組織の認識的行為者性】は次のように修正すべきである。

【組織の認識的行為者性⑵】組織Gが認識的行為者であるのは、(i)Gが共通の目標と内部の組織をもっている、かつ、(ii)Gの中枢メンバー（の大多数）が熟慮あるいは推論に従事する能力を備えている。

次に、マスメディア企業を事例として、認識的行為者としての組織が形成する証言的信念について考えよう。組織が認識的行為者として（熟慮や推論を経て）何らかの信頼度の高い認識上の証拠として証言を獲得すると、その組織は証言的信念を形成することになる。例えば、故ジャニー喜多川氏の性加害についての日本のマスメディアの報道状況について取りあげよう。故ジャニー喜多川氏の性加害は東京高裁で二〇〇三年七月一五日に認定、二〇〇四年二月二四日に最高裁が上告を棄却したことで東京高裁の判決が確定していた（林ほか 二〇二三：三二一-三二三頁）。もしマスメディアの取材班が東京高裁の判決を十分に取材したなら、その取材を踏まえた証言は適切な認識上の証拠とみなすことができる。そのため、その証言を受けとったマスメディア企業の中枢メンバーは「東京高裁において、ジャニー喜多川氏の性加害が認定された」という信念を形成しているはずだ。この事例が示すように、マスメディア企業が適切な認識的行為者である限り、取材班が十分な取材を行えば、その取材を踏まえて伝達される証言は取材班からの信頼度の高い認識上の証拠とみなすことができ、その証拠が企業の中枢メンバーへ伝達されると、組織としてのマスメディア企業の信念が形成される。ただし、新しい信念内容が既存の他の諸信念と明らかに食い違うものであったり、矛盾するものであったりすると、その信念形成はいったん保留とされ、関係する諸信念について再検討することになるだろう。その意味で、新しい信念は、既存の信念と整合的である限り、受け入れられることになる。以上を踏まえると、組織の証言的信念は次のように説明できるだろう。

【組織の証言的信念】組織Gが証言pの獲得を通じて信じているのは、(i)Gの中枢メンバー（の大多数）がその証言pを証拠として信じており、(ii)そのpが中枢メンバーの他の諸信念と整合的であるとき、そのときに限られる。

もちろん、マスメディア企業は、何らかの実利上の理由——例えば、故ジャニー喜多川氏の性加害について、当時の元ジャニーズ事務所への忖度——のせいで「東京高裁において、ジャニー喜多川氏の性加害が認定された」ということを信頼できない情報とみなすかもしれない。マスメディア企業は、どのような証言が信頼できるのかを、認識上の理由だけではなく、実利上の理由などを踏まえて判断しており、証言を受容するか（accept）、受容しないかについて決定している。普段、人々は、他者の証言内容に対して「信じる」（「信じない」「保留にする」）という態度のほか、いったん真なるものとして「受容する」といった態度を使い分けている。受容とは、大まかに言えば、何らかの目的を考慮して、ある命題や理論を真と見なして受けいれることである（佐藤 二〇二三c）。例えば、刑事裁判における被告人の弁護人は、被告人から話を聞く際、状況証拠に照らすと、その被告人の証言には疑わしい点があると思われても（そのため、その内容を信じないとしても）、裁判の擁護のためにその証言を一時的に受容することはありうるだろう。この事例が示唆するように、他者の証言を受容する態度については、当人が受容するかどうかを自分の意志で選択できるのに対して、証言を信じる（信じない、保留にする）といった態度については、自分の意志で選択できる場合は限られている。例えば、先ほどの弁護人が、状況証拠を踏まえると「自分は潔白だ」という被告人の証言に疑わしい点があると思えば、その弁護人は、裁判における被告人の弁護のためにその被告人の言うことを受容することはできても、本気で信じることはできないと思われる。

以上を踏まえると、マスメディア企業は、取材班からの信頼度の高い認識上の証拠を入手すると、その取材内容を証拠とした信念を形成する一方で、組織としては、その証言とは異なる内容を真として受容する態度を取ることが可能である。そうすると、マスメディア企業が、取材班から取材に基づく証言を受けとりながらも、その内容を信じなかったり、判断を保留にしたり、過度に軽視したりすることで組織的無知を犯していることもありうることになる。例えば、東京高裁による故ジャニー喜多川氏の性加害が認定された件について、当時のマスメディア企業はその十分な証拠を入手していたにもかかわらず、実利上の理由から大々的に取り上げる重要な情報ではないものとして受容していたかもしれない。

組織的無知については、詳しくは第4節で説明しよう。その前に、マスメディア企業のような組織が不適切な組織的エートスをもつとはいかなることなのかを明らかにしよう。

偏った組織風土に起因する組織の悪徳

第2節で、個人の証言的不正義の主要因は、個人が自分の偏見的ステレオタイプを発揮することにあると述べた。では、組織が証言的不正義を犯す要因は何だろうか。その要因は複数の可能性が考えられるが、ここでは、その一つである組織風土に着目する。本節では、組織風土の特徴をフリッカーの「組織的エートス」という概念を踏まえて明確にした後、日本のマスメディア企業における偏ったジェンダー企業風土を明らかにする。

まず、組織風土の具体例から検討する。第3節で明らかにしたように、組織は緩やかに共通の目的をもつグループであり、その目的の遂行のために構造化された諸制度や規約が存在し、意思決定に従事する権力をもつ中枢メンバーと非中枢メンバーに分かれて所定の業務を行っている。組織が不正を起こすとき、その要因は次の三つの次元が考えられる。第一に、権力をもつ中枢メンバーの判断や行為が一部の従業員に不正を強いている、第二に、諸制度や規約それ自体が不正なものである、第三に、多くの非中枢メンバーが諸制度や規約を不当な仕方で運用して業務に従事する（Fricker 2010）。例えば、B社が自動車の保険金水増し請求という不正を行っていたとする。B社の不正の要因は、従業員に対して理不尽な叱責をしたり、不合理な降格人事を繰り返したりした会社幹部が不正な判断や行為を行っていることにあるかもしれない。あるいは、B社の経営計画書が不正な内容を含んでいるのかもしれない。または、B社の従業員の多くが過酷なノルマや利益至上主義の経営方針とそれに沿った指示に従って不正な判断や行為を行っているのかもしれない。このなかで、B社が組織的に不正を犯していると言えるのは、一部の幹部だけが不正を犯している場合ではなく（この場合は、その幹部だけが不正者である）、理不尽な経営計画がある場合でもなく（この場合は、会社の計画や手続きに不正がある）、過酷なノルマや利益至上主義という価値のもとで多くの従業員が実際に不正に手を染めていた場合であるだろう。

では、組織風土とはどのようなものなのだろうか。ここではフリッカーが説明する「エートス（ethos）」に依拠して説明しよう。フリッカーによれば、エートスとは、組織内の多くのメンバーが集合的な判断を行ったり、行為したりする際に、その判断や行為が導出される価値の源泉であり、その価値へのコミットメントのことである（Fricker 2013, p. 1327; 2021, p. 90）。組織が有するエートスは「時間的に安定しており、また反事実的な状況でも安定している、あるいは、少なくとも安定しようとする強い意味での価値へのコミットメントから構成されるものであり、そのためにグループや組織のメンバーを束縛するものである」（Fricker 2021, p. 95）。フリッカーは、組織的エートスを、個人の有徳な性格と比較することで次のように例証している。

例えば、「環境にやさしい」と言われている会社が、環境保全の価値と利益目的が相反するときに、前者の価値を捨ててこれまで以上の利益の追求に走るなら、そのような会社のことを環境にやさしいという徳を所有しているとはみなさないだろう。すなわち、個人がもつ有徳な性格に対応す

> るものに必要なことを満たすためには、かなり一貫性をもつ何らかの集団的価値へのコミットが必要なのだ。私が提案するのは、このような集団的価値へのコミットは組織のエートスという考え方に見出せる、ということである。これに加えてパフォーマンスがエートスとの関係で説明がつき、その結果、会社の良い行為が実質的にこのエートスのおかげであるとき、この徳の別の重要な条件が満たされたことになる―すなわち、その良い行為は正しい種類の理由によってなされている、ということである。（Fricker 2013, p. 1327：傍点強調原著）

あるエートスが組織に浸透しているとき、その組織のメンバーの大多数は、多くの場合、明示的・非明示的にこの価値に沿った理由に基づいて集合的な判断や行為を行うことになる。このような価値に沿った判断や行為は、遵守するべき最低限の集団的な判断や行為を超えているものであり（Ziv 2012）、何らかの称賛されるべき／非難されるべき欠陥を示す価値を反映するものである。さらに（あるいは）、それによって組織の目標が安定して遂行されるという意味で組織の性格であると言えるだろう（Fricker 2021, pp. 100–101）。このように考えると、組織的エートスは次のように定式化できるだろう。

【組織的エートス】組織的エートスとは、組織Gの（大多数の）メンバーが企業の共通目的の遂行・実現のために行う集合的な判断や行為の理由がそこから導出される価値の源泉であり、その価値へのコミットメントであり、それは称賛に値する／非難に値する価値を反映するものである。

組織的エートスという概念は、メンバーの大多数が一致した判断や行為を行う――そのような判断や行為が（異なる理由に基づいて、あるいは、理由なしに）たまたま行われる――というだけではなく、そのような一致した判断や行為が組織内に漂う圧力や暗黙の約束事のせいで誘導される点をうまく説明する。[*8] 例えば、B社の事例では、過酷なノルマや利益至上主義という価値が正義や公正にかなったサービスの提供という価値に勝る組織風土が醸成されていたと言えるだろう。そのせいで、理不尽な権力を発揮していた一部の幹部だけではなく、従業員もその価値に沿った判断や行為を集合的に行うように強く誘導されており、実際に不正を働いた人がいただろうし、その不正を黙認していた人もいたことだろう。

以上を踏まえると、日本のマスメディア企業の組織風土の観点から偏ったジェンダー規範についてどのようなことが言えるだろうか。ジャーナリズム論やメディア研究では、マスメディア企業における女性従業員の割合と、キャリア形成と働き方について次のことが言われている。

＊8　組織的エートスは道徳的に悪質なものだけとは限らない。例えば、司法制度は、裁判で公正な判決という結果が出るだけではなく、正しい結果を導出する司法制度の組織上のメカニズムや手続きが適切な価値によって導かれていることが重要である（Fricker 2021, p. 91）。この場合、裁判の判決までの手続きプロセスが公正性に誘導されている――例えば、あらゆる証拠が偏見などに惑わされずに公正に評価されている――なら、その判決はたまたま公正なものであったというのではなく、公正性という適切な組織的エートスに導かれた結果であると言えるだろう。

【経営上の指導的立場を独占し続ける男性管理職】

日本のマスメディアで働く女性従業員の割合は、民間放送で二〇・九%、NHKで一五・二%、新聞・通信社等で一五・八%であり、報道部長や次長、編集長、幹部編集者などの上位管理職における女性の割合はさらに低い（四方 二〇一八：一二九頁）。ある調査では、その割合は世界的にも平均二七・三%と低いものの、日本では一・四%と突出して低く、他のアジア・オセアニア諸国に比べて圧倒的に低い。日本のマスメディア企業は、戦後の設立時に全国新聞紙とテレビのキー局が結合し（例えば、読売新聞と日本テレビ、産経新聞とフジテレビ、朝日新聞とテレビ朝日、毎日新聞と東京放送、日本経済新聞とテレビ東京）、地上波民放企業を系列化しているため、マスメディアのネットワークを独占化しており、今日もその状況が続いている（北出 二〇二三：一二六頁、美ノ谷 一九九八）。そのため、新聞社、テレビ放送局、広告代理店は、資本面、人事面で相互に強くつながり、経営はほぼ男性の上位管理職の手にゆだねられている。こうしたことが理由で、いまだにマスメディア企業において報道にかんする意思決定にあたる上位管理職の立場に女性がほとんどおらず、昇進して活躍する女性従業員のロールモデルが少ない状況にある（四方 二〇一八：一〇八、一二九-一三〇頁）。

【マッチョな価値を反映する社内の働き方や人事制度】

マスメディア企業は、長時間かつ不規則な業務形態が常態化していると言われ、ワーク・ライフ・バランスを確保することが困難な職場とされてきた（林&谷岡編 二〇一三）。大手マスメディア企業が設立されていった当時の日本では、子育てや家事を女性に押しつける性別役割規範などの家父長制的な社会規範が蔓延していたため、マスメディア企業でも、残業を含む長時間労働や不規則な労働時間が当たり前なものとされ、家事、出産、育児などをしながら仕事を継続したり、管理職へとキャリアを重ねたりすることは非常に困難であったとされる。また、マスメディア企業では、人事異動での地方局への異動や部署の配属が頻繁に行われ、男性従業員は出世に直結する営業や報道における政治経済、政策、警察にかかわる事件を担当することが多いのに対して、女性従業員は総務部や人事に配属されることが多く、報道部署に配属されても生活面や文化面を担当させられる傾向にある（四谷二〇一八）。このような職場の働き方や仕事内容はキャリア形成の偏りにつながっている。日本のマスメディア企業における昇任人事では「会社にどのように貢献したのか」が評価の重要な基準である。そのため、女性従業員が政治経済や政策などの報道を担当していないことや営業に配属されていないことは中間管理職や管理職への昇任において不利になりやすい。

以上の事例からマスメディア企業に蔓延している偏ったジェンダー規範について次のことが言えるだろう。第一に、報道にかんする意思決定を担う上位管理職に就いている女性従業員がほとんどおらず、そのせいで偏ったジェンダーの価値を反映した報道内容や報道の仕方になりがちであること、第二に、家事や育児を担わされている多くの女性従業員は、昇任人事の評価において不利な状況に置かれやすい。先ほどの組織的エートスの定義を踏まえると、以上のような企業風土は、マッチョな企業理念のもとで、その価値に沿った取材班の証言に高い価値を与える判断を行ったり、その価値に沿った働き方をしている人を積極的に登用したり昇進させたりするなど、多くの従業員がその価値に沿った集団的な判断や行為を行ったりすることである。このような偏った組織風土は、男性中心に偏っている点で非難に値するものと見なすことができ、その意味で、マスメディア企業のジェンダー規範は「偏ったジェンダー組織風土」と呼ぶことができるだろう。

4 マスメディア企業の組織的無知による証言的不正義

本節では、特徴⑦の検討に移る。第2節における【マスメディアによる事実の無視や歪曲化・矮小化】に示唆されていたように、マスメディア企業は、前節の偏ったジェンダー企業風土（組織的エートス）のせいで無知を生みだしていると考えられる。この組織的な無知を説明するのが特徴⑦である。

⑦〈悪質な組織的無知テーゼ〉組織全体が、証拠に照らすと信じるべき証言を信じなかったり、態度保留にしたりする無知を犯したりすることや、取材を禁止したり不当に規制したりする――すなわち、取材先や取材班の証言を先立って封じる――意味での先制的な（悪質な）無知を犯す。その一方で、取材されていた証言内容が不当に歪曲化・矮小化されたり、不都合な事実が隠蔽されたりする。

第3節で、マスメディア企業の事例では、偏ったジェンダー組織風土のせいで女性のキャリア形成が妨げられ、女性従業員が報道にかかわる意思決定を担う立場になかったり、証言の信憑性に対して家父長制などの偏ったジェンダー規範が反映された判断がなされたりするとされていた。マスメディア企業は、そのせいで取材班の信用度を低く見積もることで、その証言の証拠としての信憑性を不当に低く評価し、その内容を信じないといった組織的無知を犯すと考えられる。

そこで、このような組織が犯す無知とはどのようなことなのかを必要な限りで明確にしよう。以下では、無知の特徴についての一般的な説明ではジェンダーの事例を扱わず、その説明を踏まえたマスメディア企業における組織的無知の説明において、再び、ジェンダーと組織的無知との関係について明らかにする。

信念にかかわる態度を形成する場合の無知

はじめに、無知についての基本的な特徴を以下の事例をもとに確認しよう。[*9] 例えば、あるレストランの店長は、同じレストランで働く正社員スタッフの勤務態度が悪くて周りのアルバイト従業員が迷惑を被っていることについて無知であるとする。この事例では、店長は「スタッフの勤務態度が悪くてアルバイト従業員が迷惑を被っている」という真なる命題についての無知である。命題とは「かく

*9 無知の認識論では、無知の本性を、知識が欠けている状態とする従来説と、真なる信念が欠けている状態とする新説の二つの考え方がある（Le Morvan & Peels 2016）。本論文では、以上の論争に中立の立場をとっているが、暗黙に、無知の本性についての新説の立場を想定している場合が多い。

かくしかじかである」の内容をもつ世界の事態を表す言明のことである。以下では、このような命題の形態をした無知について議論を限定しよう。無知の内容は通常、真であることが前提される。例えば、「スタッフの勤務態度が悪くてアルバイト従業員が迷惑を被っている」ことは真であると想定されている。

第3節の議論を踏まえれば、このような命題的無知の内容にはジェンダーの内容も多く存在するだろう。例えば、マスメディア企業の管理職従業員は、「その会社では長時間労働や不規則な労働時間が当たり前なものとされていたため、家事や育児を押しつけられがちであった女性従業員は仕事を辞めたり、キャリアアップを断念しがちであった」という真なる命題について無知であったかもしれない。

以上のようなメディア企業における無知についてさらに分析するために、「信念にかかわる態度(doxastic attitude)を形成する場合の無知」と「信念にかかわる態度を形成しない場合の無知」の区別を導入しよう(Peels 2023, Chapter 3)。ここで、ある人が信念にかかわる態度を取るとは、その人がその内容を信じたり、信じなかったり、保留にしたり、受容したりするなどの態度を取る、ということである。このような信念にかかわる態度を形成する場合の無知には、第一に、その人が真なる内容であるにかかわらず【信じない(disbelieving)無知】と、真なる内容であるにもかかわらず、信じるかどうかを【保留にする(suspending)無知】が存在する。

まず、【信じない無知】から見てみよう。

【信じない無知】人物Sが命題pについて信じないという仕方で無知であるのは、pが真であり、またSがpを信じないとき、そのときに限られる。

例えば、先ほどの事例で、店長が正社員スタッフの勤務態度が悪いことについて、何人かのアルバイト従業員から苦情を受けていたにもかかわらず、そのスタッフの勤務態度が悪いことを信じないとする。この場合、この店長は、「正社員スタッフの勤務態度が悪い」という真なる命題を信じることができる状況にあるにもかかわらず、そのことを信じないという意味で真実について無知の状態にある。

次に、保留にする無知について説明しよう。

【保留にする無知】人物Sが命題pを保留にするという仕方で無知であるのは、pが真であり、またSがpを信じることも信じないこともしないとき、そのときに限られる。

保留にする無知についても先ほどの事例で説明しよう。店長が正社員スタッフの勤務態度が悪いという苦情を受けていたにもかかわらず、そのことを信じるわけでもなければ、かといって信じないというわけでもなく、いずれの信念も形成しないままであるとする。このとき、店長は「正社員スタッフの勤務態度が悪い」という真なる命題を信じず、判断を保留にしている点で無知の状態にある。

以上のように、人々が真なる命題について信じなかったり、保留にしたり、疑わしいと思ったりすることで真なる信念をもたないことが、信念にかかわる態度を形成する場合における無知である。ある命題に対して何らかの信念にかかわる態度を取ることは、人々がその命題に気づいたり、認識したりししていてはじめて可能になる。そのため、信念にかかわる態度を取る場合の無知は、本人がその命題について気づいていないことである。

それに対して、無知は人々が信念にかかわる態度を形成しない場合にも生じる。それは、その人物がその命題に気づいていながらも、それを信じなかったり、保留にしたりする、ということである。以下では、【熟慮したことのない無知（unconsidered ignorance）】と【深い無知（deep ignorance）】について紹介しよう。

【熟慮したことのない無知】人物Sが命題pを熟慮したことがないという仕方で無知であるのは、pが真であり、またSがpについて熟慮したことがない、しかし、もし熟慮する機会があったならそれを信じるだろうというとき、そのときに限られる。

再び、先ほどの事例――レストランの店長が、正社員スタッフの悪い勤務態度にアルバイト従業員が困っていることについて無知であるという事例――を挙げよう。もしこの店長がスタッフの勤務態度が悪いという苦情をアルバイト従業員からこれまで受けたこともなく、また、この正社員スタッフは店長の不在時にのみ従業員への横柄な態度を取るため、店長はお店でそういったことが起きていることについて微塵も考えたこともないとする。この場合、店長は「正社員スタッフの勤務態度が悪い」という命題に対して、信じたり、信じなかったり、保留にするなどのいかなる態度も取っていない。この店長は、もし正社員スタッフのアルバイト従業員に対する態度が悪いことに気づく機会があれば、そういうことがお店で起きていることを信じるような人物であるとしよう。この場合、店長は「正社員スタッフの勤務態度が悪い」という真なる命題について、今まで熟慮したことのないという意味で無知の状態にある、ということになる。

私たちは数多くの事実や事態について熟慮したことのない無知の状態にある。例えば、私は日本にどれくらいの和菓子屋が存在するのかについて考えたことがないため、その数についてそもそも信じたり、信じなかったり、保留にしたりするなどの信念にかかわる態度も取ったことがない。しかし、日本の和菓子屋の出店数の推移にかんする調査資料を読む機会があれば、その結果について進んで信じることだろう。このような無知は、熟慮したことのない種類の無知であるが、私たちは、無数に多くの事柄についてこの意味での無知にあるはずである。

次に、深い無知について説明しよう。先ほどと同様、店長が正社員スタッフの勤務態度が悪いという苦情をアルバイト従業員から受けたことがないし、そのことについて考えたこともないとする。さらに今度は、店長は正社員スタッフと個人的にも親しく、何かのきっかけで「正社員スタッフの勤務態度が悪い」ということに気づくことがあっても、そのことを信じず、正社員スタッフの肩を持つような人物であるとする。この場合、アルバイト従業員から「正社員スタッフの勤務態度が悪い」という苦情を受けても、店長は、そのことを頑なに信じようとしないだろう。その意味で、店長は「正社員スタッフの勤務態度が悪い」ことについて熟慮することもなく、無視しようとする傾向を有している意味で深い無知の状態にある。

【深い無知】 人物Sが命題pについて深い無知であるのは、pが真であり、かつ、Sがpについて熟慮したことがなく、さらに、たとえpについて熟慮するとしても、pを信じない（または、pについて判断保留にする）というとき、そのときに限られる。

人々が深い無知にあるとは、その人物がある真なる命題についてこれまで熟慮したことがないだけではなく、その人物がその命題に気づいたり、疑ったり、注意を向けることで信念にかかわる何らかの態度を取ることができる状況になっても、なお、そのことを信じないような状態にある、ということである。先ほどの熟慮したことのない無知と比較するなら、ある人物がこれまで真なる命題について信念にかかわる態度を取ってこなかった点で無知である点では共通する一方、深い無知の状態にある場合、その人物が仮にその命題に対する信念にかかわる何らかの態度を取れる状況になっても、信じようとしない点で異なることになる。

組織的無知

信念にかかわる態度を形成する場合の無知と、その態度を形成しない場合の無知という以上の区別に基づいて、マスメディア企業が犯す組織的無知について明確にしよう。結論として、マスメディア企業の組織的無知とは、取材班からの証言についての証拠としての信憑性を低く見積もることで、その内容を信じなかったり、保留にしたりする無知を犯す、または、不都合な証言を受けとることを先立って回避する意味での無知を犯すことであることを明らかにする。

まず、第3節における【組織の証言的信念】を思い出そう。

【組織の証言的信念】組織Gが証言pの獲得を通じて信じているのは、(i)組織Gの中枢メンバー（の大多数）がその証言pを認識証拠として信じており、(ii)そのpが中枢メンバーの他の諸信念と整合的であるとき、そのときに限られる。

このように、組織の証言的信念は、組織の中枢メンバー（の大多数）が他者から証言を受けとることで形成されるものである。例えば、この証言的信念の定義と、前節における【信じない無知】や【保留にする無知】を踏まえると、組織的無知は次のように説明できるだろう。

【組織的無知】組織Gが証言pについて無知であるのは、(i)Sの中枢メンバーの大多数がpについて信じていない無知の状態である、あるいは、(ii)pについて保留にしている無知の状態であるときである。ただし、pはGが形成した真なる証言内容であるとする。[*10]

*10　組織的な無知の定義は、ピールズのグループの無知を部分的に参考にしている（Peels 2023, p. 115）。ピールズによれば、グループの無知とは、(i)グループの中枢メンバー（の大多数）が、真なる命題pについて無知である、(ii)中枢メンバーの無知が「グループの力学」—グループの行為者性、集団的な認識的悪徳、外部からの不当

この定義に基づくと、日本のマスメディア企業の組織的無知は次のように説明できる。例えば、第3節における【経営上の指導的立場を独占し続ける男性管理職】の事例で明らかにしたように、日本のマスメディア企業で働く女性の割合は低く、編集長といった上位管理職に占める女性の割合はいっそう低い。マスメディア企業の中枢メンバーが男性で占められているせいで、証言に対するそのメンバーの判断は偏ったジェンダー組織風土の影響を受けやすくなっている。結果として、女性解放運動にかんする取材班の証言内容が組織的に信じられなかったり、保留にされたりすることにつながっている。これがマスメディア企業の組織的無知である。そのせいで、女性解放運動などの出来事にかんする報道は、その内容が真実であるにもかかわらず、敬遠されがちになっていると考えられる。

もちろん、マスメディア企業がこのような組織的に無知を犯している場合でも、従業員のなかには真実に薄々でも気づいていたり、認識したりしている、あるいは、より詳しい情報を持っている可能性がある。マスメディア企業の場合、取材した真なる命題を信じている取材班が存在しており、その取材班に近しい従業員のなかにはその証言内容を信じている人がいることだろう。また、その取材内容が会社に報告されることで、そのような取材に基づく証言の存在について認識している人々も存在している。それにもかかわらず、報道の意志決定を担う中枢メンバーの大多数は、その証言について不当に信じなかったり、真偽を保留にしたりする、あるいは、その証言を真としていったん受容はするものの報道するかどうかは別に扱ったりする。このように、中枢メンバーが、証拠に照らすと信じるべき証言を信じなかったり、態度保留にしたりすることで、マスメディア企業は組織として無知を犯していることになる。

しかし、マスメディア企業による組織的無知は、このような仕方で生じるだけではなく、取材班からの不都合な証言を受けとる機会をあらかじめ意図的に排除または回避することで無視するという意味での先制的な無知によっても生じる。例えば、偏ったジェンダー企業風土のマスメディア企業は、一度、女性解放運動の取材証言について報告を受けたなら、その後はその内容を取材することを禁止したり、取材班の活動を先立って禁じたり抑制したりするかもしれない。あるいは、ある取材内容が自企業の不都合になるだけではなく、関連する企業や広告代理店に不利益を与えかねない場合には、その取材を先立って規制するかもしれない。このことを踏まえると、先ほどの【組織的無知】については次のように修正できる。

【組織的無知⑵】 組織Gが証言pについて無知であるのは、(i)Sの中枢メンバーの大多数がpについて信じていない無知の状態である、(ii)pについて保留にしている無知の状態であるときである、あるいは、(iii)pの受けとりを先立って回避する先制的な無知の状態である。ただし、pはGが形成した真なる証言内容であるとする。

なコントロール、必要な概念資源の欠如など—のせいで生じたり、維持されたりしている、ということである。しかし、ピールズの無知の定義における条件(ii)には不明瞭な点が多い。組織的無知に固有の特徴を明らかにするためには、無知の原因や種類と、無知と証言の受容との関係について明確にする必要がある。本節の目的は、以上の点を明らかにすることにある。

組織の証言的不正義

最後に、組織の証言的不正義について定式化しよう。これまでの議論を踏まえると、マスメディア企業は、男性中心の偏ったジェンダー企業風土のせいで様々な組織的無知を犯しており、それは取材先や取材班の情報提供能力を不当に貶めていると言える。第2節の証言的不正義の定義に照らすなら、取材先や取材班の情報提供者としての能力が貶められることは、マスメディア企業によって組織的な証言的不正義を受けていると見なすことができる。組織の証言的不正義は次のように説明できるだろう。

【組織の証言的不正義】組織としての証言的不正義とは、組織内の偏った組織的エートスのせいで組織の中枢メンバーが組織的無知(2)――すなわち、証拠に照らすと信じるべき証言を信じなかったり、態度保留にしたり、取材を不当に妨害する先制的な無知――を犯していることで、取材先や取材班の情報提供者としての能力が不当に貶められる不正義である。

ここで次のような疑問が生じるかもしれない。それは組織の証言的不正義は、マスメディア企業における中枢メンバーの悪徳な判断や行為に起因するだけではないか、というものである。たしかに、取材先や取材班の証言内容を積極的に信じなかったり、判断保留にしたりする態度を取るのは中枢メンバーである。しかし、偏った組織的エートスに起因する組織的無知を犯しているのは、そのような中枢メンバーだけに限られない。例えば、取材班の証言については、他の取材班や従業員にも個人的に知られたり、噂が流れたりすることで薄々でも気づいていたりする従業員がいることだろう。それにもかかわらず、その人々は、中枢メンバーのもつ組織内での権力のせいで、その意思決定に対して同調したりするかもしれない。このような、会社内のいわゆる取り巻きの人々だけではなく、従業員のなかには偏った組織的エートスのせいで感覚がマヒし、積極的に中枢メンバーの判断を正当なものだとして支持し、取材班の証言に対して背を向ける人々もいるかもしれない。第3節の【マスメディアによる事実の無視や歪曲化・矮小化】において、男性従業員には偏った組織風土に気づいている人が存在していても、在職中には所属企業への厚い忠誠心から批判をしない傾向があることが指摘されていたことを思い出そう。男性従業員がこのような会社への（悪質な）忠誠心を重視する傾向性を持つ限り、中枢メンバーの偏った判断を支持し、取材班の証言を信じない意味で間接的には組織的無知を犯し、それを維持するのに加担している。したがって、マスメディア企業の証言的不正義は、その要因のすべてを中枢メンバーだけに帰属させることのできない、組織的なものであると言える。

以上が、マスメディア企業を事例として明らかにしてきた、偏った組織的エートスに起因する組織の証言的不正義の全貌である。最後に、マスメディア企業の場合、組織の証言的不正義が別の重大な不正義の誘因になりうる点について指摘しておこう。フリッカーは、個人の証言的不正義が他の不正義に起因して生じたり、誘発したりする系統的な（systematic）形態があると論じた（フリッカー二〇二三：2・1節）。同様に、マスメディア企業による証言的不正義は、実際に報道される内容が取材班の証言内容を不当に無視したり、歪曲化・矮小化したりする点で、今度は、報道を通じた情報提供者として視聴者や読者に不正義を犯しうる。例えば、【マスメディアによる事実の無視や歪曲化・

矮小化】では、女性解放運動を報じる新聞記事やニュースは敬遠される傾向が見られたり、犯罪報道では女性被疑者に対して、「母親」などの性別役割規範を押しつけて母親としての責任感が欠如していると非難されたり、性犯罪では女性被害者にも落ち度があると決めてかかるような表現が用いられたりすることが指摘されていた。このような報道が繰り返されると、その報道を受けとる市民のジェンダーにかんする判断を偏らせたり、誤った方向に誘導したりしうるだろう。このような仕方で、マスメディア企業は情報提供者としての不正義にも加担しうる。このような不正義を「発信型の証言的不正義」と呼ぶことができるだろう。以上を踏まえると、マスメディア企業は、偏ったジェンダー企業風土を社会に広めるような発信型の証言的不正義を犯さないようにするべき責任も負っていると言えるだろう。

5　おわりに――偏ったジェンダー報道に対するマスメディア企業の責任と是正に向けて

本章は、日本のマスメディア企業を事例として組織の証言的不正義について提案してきた。組織としての証言的不正義とは、偏った組織的エートスのせいで、組織が証拠に照らすと信じるべき証言を信じなかったり、態度保留にしたり、取材を不当に回避したりする無知を犯すことで、情報提供者の能力を不当に貶める不正義である。特に、マスメディア企業では、男性中心の偏ったジェンダー企業風土に起因して、女性の活動や事件に焦点をあてる取材内容が軽視されたり、歪曲化・矮小化されたりしていても、報道の意志決定機関の中枢メンバーだけではなく、他のメンバーも偏ったジェンダー企業風土を当然として受けいれていたり、一部の人々が不利益を被っていることに薄々気づいていても異議申し立てや告発をしないで黙認したりすることで組織的無知が生じる。そのせいで、報道内容について、女性の活動や事件に焦点をあてる取材内容が報道されなかったり、不当に歪曲化・矮小化されたりすることで、その取材を行った取材班は証言的不正義を被っていることを明らかにした。最後に、マスメディア企業は、男性中心の偏ったジェンダー企業風土を社会に誤って広める影響力がある点で発信型の証言的不正義を犯すことがあることを指摘した。以上を踏まえると、マスメディア企業は、ジェンダーにかかわる証言的不正義を犯す企業内の問題だけではなく、偏ったジェンダー報道を行うことでの社会への影響力に対する責任も検討する必要があるだろう。認識的行為者としてのマスメディア企業の誠実さが改めて問われているのである。

【謝辞】責任編者の神島裕子様、編者委員会の皆様には有益なご助言を頂きましたことを心より御礼申し上げます。また、2023年度第2回行為論研究会（二〇二三年一二月一二日）へのご参加者、および、茨城大学教育学部倫理学ゼミ（二〇二四年五月二〇日）へのご参加者には草稿を検討して頂き、多くのご示唆を受けましたことを記して感謝申し上げます。最後に、本研究は科学研究費（23K00004）の助成を受けています。

＊　＊　＊

【読書ガイド】

・ミランダ・フリッカー『認識的不正義――権力は知ることの倫理にどのようにかかわるのか』佐藤邦政監訳／飯塚理恵訳、勁草書房、二〇二三年〔解題〕一部の人々が偏見やイデオロギー、いびつな権力関係のせいで自分の知識の伝達や経験の理解を不当に妨げられている不正義を「認識的不正義」として体系的に提示した。現在、フェミニスト哲学、認識論、規範倫理学など様々な分野に影響が及んでいる。

・林香里、田中東子編『ジェンダーで学ぶメディア論』世界思想社、二〇二三年〔解題〕マスメディアにおける表現や表象といった概念や、報道の公共性・客観性の本性など、ジャーナリズムやメディア研究の重要な主題について、ジェンダーの様々な視点から包括的に論じられている。関連する調査、データ、文献に対する丁寧な解説など、今後の研究の発展に向けた配慮が隅々まで行き届いている。

・周司あきら、高井ゆと里『トランスジェンダー入門』集英社新書、二〇二三年〔解題〕セクシュアル・マイノリティの分類であるトランスジェンダーについて、その定義や性別移行の種類についての説明から、当事者が被っている学校や就労における差別的状況や医療や法律の現状まで、非常に見通しよく説明されている。マイノリティの人々の切実の声にどのように向きあい、証言的正義を実現しうるのかを考えさせてくれる。

第3章　性差をめぐる科学研究の落とし穴
——統計学をいかに使いこなすか

現代においても、男女の能力や性格、適性における男女の違いを耳にすることがあるだろう。「男性は話を聞かない」とか、「女性は数学が苦手」といった話は、日常的にも聞くことがあるかもしれない。女性、男性、という性別を指す表現ではなくても、「お母さんは子どもの扱いが上手」とか、「○○くんは男の子だから電車が好きだね」というように、性別と他の属性との組み合わせた表現で聞くこともあるだろう。こうした特定の性別の人がもつと考えられている特徴を、ジェンダー・ステレオタイプという（Ellemers 2018）。

ジェンダー・ステレオタイプとは偏見の一種であり、その偏見を崩すことは難しい場合もある。その理由の一つに、「もっともらしい」根拠を伴う場合があるためである。例えば、数学の点数が男性のほうが高いというデータが示されることがある。ほかにも、遺伝的な違い、ホルモンの違い、脳の違いなど生物的根拠をもとに男女の違いが説明されることがある。そして、科学的な手続きにより、性別の違いが証明されていると思われるかもしれない。

こうした「科学的な証明」は、心理学のなかの統計によって示されたこともある（カプラン&カプ

ラン 二〇一〇)。心理学というと、「心」を理解する学問だと思われることが多いが、心理学は「心」にとどまらず、人の行動や反応なども対象とする。また、脳の反応などを扱うこともあり、神経科学と違う部分もある。心理学では、人の心に関わるものや、行動、反応などを数値化し、統計的な分析をして、男女の違いや、それにかかわる生物的な説明を行うことがあった。

しかし近年では、統計学を用いた研究方法の見直しが進められ、男女の能力や適性の違いは明確なものではないとも指摘されている(Hyde 2005; Ethan et al. 2015)。男女の能力や適性の違いは、従来考えられてきたよりもずっと小さく、ほとんどない場合もあるとされている。また、根拠として提示されてきた遺伝的な違い、ホルモン、脳の違いなども、根拠とされるほど明確なものがない場合も多い(カプラン&カプラン 二〇一〇)。それなのに、なぜ性別による違いを強調するような研究がなされてきたのだろうか。本章では、性別による違いについてどのような誤った主張がなされてきたのか、そしてその主張に対して、どのように科学的根拠が提示されてきたかを紹介する。また、誤りを伴いやすい方法上の課題についても紹介する。

なお、心理学だけではなくさまざまな学問領域で、男性を標準的な人間とみなすバイアスが批判されてきた(リッチー 二〇二四)。正義や公平性を扱ってきたはずの学問領域でさえ、男性中心的な理論を形成してきたことが批判された。例えば、ロールズの『正義論』には、女性が担ってきたケアの重要性が無視されているというフェミニズムからの批判がある(キティ 二〇二四)。本章で扱う課題は、心理学の統計的手法の誤用に焦点を絞りその課題を示すものであり、心理学が暗黙に仮定する人間像のなかのバイアスを明らかにするものではない。しかしながら、本章は学問領域における男性中心性を見直すという大きな潮流のなかに位置づけられることを付け加えておく。

1　能力に性差はあるか？　算数・数学のテストを例に

男女の能力に関してしばしば焦点となる、算数・数学の能力に関するデータを例に、どういった研究があるかを確認しよう。

まず、国際比較調査の算数・数学のスコアを用いた研究を確認すると、国や社会によって男女のスコアの程度は異なるとする。ギソら（二〇〇八）は、児童に対して実施される学力テストの国際比較をしている。ここで用いられている学力テストはＯＥＣＤ（経済協力開発機構）によって実施されているＰＩＳＡ（Programme for International Student Assessment：ＯＥＣＤ生徒の学習到達度調査）と呼ばれるテストである。学力テストの国際比較でよく使われるものである。その結果をみると、数学の点数は男子のほうが高い国があれば、女子のほうが高い国もある。また、数学の点数に男女差がほとんどない国もある。

日本で実施された研究では、算数・数学の点数に男女差はないか、あっても小さいことが確認される。古田（二〇一六）ではＰＩＳＡの数学や科学の学力について検討し、男女での得点に統計学の基準（有意性検定）で差があるとはいえないとしている。一方、伊佐＆知念（二〇一四）では、日本のある都市で実施された調査を用いて、小学生や中学生の算数・数学のテストの性差を分析している。その結果、算数・数学の点数は学年によって統計学の基準（有意性検定）で差がない場合もある。ただし、統計学の基準（有意性検定）で差がある場合でも、一〇〇点満点のうち最大二・二点である。この得点を大きいとみるか小さいとみるか評価は分かれるところではあるが、感覚的にはこの二・二点は大きな得点差ではないように感じられる。

ただし、日本で実施された調査研究から、算数・数学のテストの得点に性差は明確にみられなくても、算数・数学に対する苦手意識では男女差は安定して確認されている（伊佐&知念 二〇一四、古田 二〇一六）。また、諸外国においても算数・数学に対する意欲や自信は女子のほうが低いと研究報告されている（森永 二〇一七）。そして、算数・数学に対する意欲や自信を女子のほうが抱きにくい理由について、さまざまな環境要因が検討されている（森永 二〇一七）。例えば、算数・数学を積極的に学習することや、そうした領域で成功することに対して、女子では親や周囲の人からの期待が男子より低いこともある（森永 二〇一七）。また、「算数・数学が苦手だ」というジェンダー・ステレオタイプがあると女子が感じている場合、そのジェンダー・ステレオタイプから外れることを懸念し高得点を避ける場合もある（森永 二〇一七）。

また、国際比較では、算数・数学のテストに対する環境の重要性が述べられている。ギソら（二〇〇八）では、数学の点数の差には、社会でのジェンダー平等（教育の平等など）とも関わることを示している。性差の研究ではしばしば生得的な性差として解釈されるが、環境の重要性は無視できない。

以上から、算数・数学のテストの男女差は、どの国や社会、時代でも見られるような明確なものとはいえないと考えられる。また、算数・数学の学力に関わる環境の影響は無視できないことがうかがえる。算数・数学のテストを例に紹介したが、他の能力についても性差がないか、あっても小さいと分析されている（Hyde 2005; Ethan et al. 2015）。

統計学に関わる課題

前節では、算数・数学のテストの例をもとに、男女の能力の差がどのように検討されるかを確認した。ここで、能力、性格、適性などにかかわる男女の差を性差、それらの研究を性差研究と呼ぶことにする。性差は身体的なものもあるが、ここでは能力、性格、適性などの心理学が主に関心を払ってきた対象を想定する。

さて、前節の例のように、能力、性格、適性などに性差があるかを確認するためには統計学が用いられることが多い。能力、性格、適性などを点数化する。そして、その点数を男女で比較する。男女の点数の差があると主張するか、それとも大差ない範囲かを判定するために、統計学の有意性検定という方法を用いる。統計学の指標を用いて差があるかどうかを判定し、客観的（にみえる）評価をおこなう。例えば、数学のテストの点数で、一〇〇点満点中で二点ほど男子が女子よりも点数が高いというときに、それは誤差の範囲なのか、それとも、十分に点数差があるといってよいのかを、主観的に主張するのが難しい問題もある。そのため、統計学を用いると、科学的で適切な判断ができると考えられている。このように、能力などの性差研究において、統計学は重要なツールである。

しかしながら、統計学を用いることによって、誤解ともいえる性差研究の発表がなされたり、解釈がなされたりしてきた。なぜそのような正確ではない研究発表がなされてきたのか。その理由の背後には、研究者がもつジェンダー・ステレオタイプがある。そして、客観的と考えられる研究の過程には、統計学の有意性検定によって性差の結果が過剰に公表される仕組みがあった。これらの課題について本章で検討する。

2 統計学と心理学

心理学では統計学を用いて、人間に関わるデータを整理し、また因果関係の特定を目指してきた。統計学は複雑な事象のデータを整理し、データ間の関連性を示す強力なツールである。ところが、統計学に対する誤った理解によってステレオタイプを容易に研究結果に反映させてもきた。本節では、統計学が心理学（および関連領域）でステレオタイプを反映するように利用された歴史や、その課題について整理する。

科学を通じた差別の歴史

一般に、科学や統計学には客観性があり、研究者らのステレオタイプは反映しないと思われるかもしれないが、科学の歴史を見るとステレオタイプは研究が出す結論に強い影響を与えてきたことがわかる（リッチー 二〇二四）。この議論の代表的なものとして、頭蓋計測学がある。スティーブン・S・グールド（一九九八）の『人間の測りまちがい』には科学が人種差別や性差別に加担してきた歴史が描かれ、頭蓋計測学の誤りについても紹介されている。[*1] 科学の発展とともに、人間の身体、能力、知能などを測定することに関心が抱かれるようになり、一九世紀には頭蓋計測学が台頭する。頭蓋計測学は、頭蓋骨の内側や外側を定規やコンパスと用いて測定し、頭の形や大きさから知能を類推し、人々をランクづけた。なお、この考え方は、現代では否定されている無意味な内容のものであるが、当時は科学者や関連する人々によって真面目に検討がされてきた。

頭蓋計測学は人種、民族、階級、性別などに対して差別的な結論を導き出したことでも知られる。この時代、指導者や知識人たちは、人種によってランクづける妥当性を疑わなかったという背景もある。この時代背景のなかで、身体や頭蓋骨を測定し、それによって人種をランクづけてきた。グールド（一九九八）では、データを確認し、人種をランクづける証拠が不十分な場合さえも、差別的な結論が導き出される場合があることを説明する。

頭蓋計測学は、女性の劣位を示すためにも用いられた。一九世紀には、脳の大きさの違いを根拠に女性の劣位が主張されることもあった（カプラン&カプラン 二〇一〇）。その後、頭の形や大きさでは知能を示すのに適切ではないことが分かるようになる。だが、類似する関心は続くことになる。脳の特定の部分が知能に関わるとされると、男女で脳の特定の部分の働きが異なるかが検討され、女性の劣位が示す研究がおこなわれた。脳の使い方（問題解決の仕方）によって知能が分かると言われるようになれば、脳の使い方のテストによって女性の劣位を示す研究がおこなわれた。

このように、科学者やその時代の偏見は、人種や階級などさまざまな属性の人々に対する差別的な

＊1　リッチー（二〇二四）は、グールドの議論に対する近年の検証研究を紹介し、グールドの主張は十分に根拠がないものとする。

研究を導いてきた。これは女性に対しても同様であった。カプラン&カプラン（二〇一〇）は、女性差別的な研究がなされた背景として、科学者には階層の高い白人男性が多かったこと、そうした科学者の属性の優位を示す研究に対して批判が少なかったことなどを挙げている。

正規分布と人々の序列化

頭蓋計測学の関心は、その後、ＩＱテストへと引き継がれていく（グールド　一九九八）。アルフレッド・ビネーは、特別な教育を必要とする子どもに対して適切な支援をするための知能検査を作成した。ビネーは、知能検査といってもあくまで人間の能力の一部を測定するものと考えていた。また、知能検査を利用し、点数の低い者に対して適切な教育によって能力を伸ばすことを想定していた。しかし、ＩＱテストが普及するにつれ、知能は遺伝的で変えられないものと解釈されたり、人々を序列化するために使われたり、あるいは「天才」を発見しようという動機で使われていく。

こうした人間を測定するという方法への期待が大きくなるなかで、「知能」が一元的に数値化され、統計学の存在感が増していく。そして、統計学における正規分布の仮定が、人間の測定・把握にも応用されていく。正規分布とは、平均を中心に、すそ野が両方に広がる釣り鐘型をした分布のことである。正規分布は現代の統計学において非常に重要な分布であり、多くの統計解析の基礎となる。自然現象や人間に関わるデータを分析する際、正規分布を仮定した分析がなされている。

この正規分布は、人々をランク付けするという関心に利用されていく。統計学が人間を分析することに応用される際に、優生学と結びついたことが指摘される（藤井　二〇二二）。優生学とは、ここでは人を能力などで序列化し、それを遺伝的な理由によって説明しようとする考え方とする。[*2] 優生学は、人を生物的にまた数学的に定量化できるという発想にもとづいている。そしてこの発想にもとづいて生命現象に対してさまざまな「測定」をおこない、生物学的な見地から評価をする生物測定学が発展していく。そのなかで、人間の「才能」や「知能」を測定・数値化し、そしてグラフ化した。その分布の型には正規分布を用いることができると主張された。

そして、その分布をもちいることで、「平均」や「異常」を導くことができると考えられた。正規分布は、平均を中心とした分布である。そして、平均およびその周辺の値をとる確率は高く、平均から離れるほどその値をとる確率が小さくなる。これが人の「才能」や「知能」の分布に応用されたとき、順番に「優秀者」「中庸」「能力薄弱者」「無能力者」のようにランク付けがなされることとなった（藤井 二〇二二）。

こうした人の序列化は性差研究でもみられた。とくに一九六〇年代ごろ、あるいは一九七〇年代ごろまで、男性のほうが女性よりも優れていることを示す研究がなされてきた。一部の研究者からは、人間の能力、性格、適性などに関して、性差があるという結果よりもないという結果のほうが多く、性差よりも個人差が重要であるという適確な指摘もなされていた。また、指標や対象者の選定など研究方法に潜む偏見も指摘されていた（福冨 二〇〇六）。しかし、研究動向としては、性差があると多く主張され、また男性が優れていることや、女性が劣っているということが説明されていくことに

*2　藤井（二〇二二）より、一九世紀ごろの優生学の議論から、優生学の内容を整理した。

なった。

ただし、一九七〇年代以降はフェミニズムの波を受け、男性の優位性を示すことを目的とする性差研究はあまりおこなわれなくなっていく（福富 二〇〇六）。また、一九八〇年代以降は、生物的な原因のみに着目せず、社会環境の影響について考察されるようになる。それでも今日に至るまで多くの性差研究がなされたこともあり、近年ではメタ分析という性差研究を総合的に判断する研究がなされる（Hyde 2005; Ethan et al. 2015）。それらの研究によれば、性差があるものもあるが、多くの能力や性格などで、性差はないか、あってもごくわずかであるということであった。

研究者のバイアスの問題

人間を測定するという科学の発展は、ジェンダー・ステレオタイプを伴いながら、性差別的な研究を導くことにもなった。ときに分析結果から結論づけられない主張までなされることもあったという。この歴史を整理したカプラン&カプラン（二〇一〇）は、性差研究に関わる問題を次の六つに整理している。

第一に、バイアスのかかった仮定から出発しているということである。例えば、男性は女性より知的だという前提である。このような前提から出発する場合、男性が女性よりも知的だという結果が導かれやすい。

第二に、研究が依拠している仮定に疑問をもたない、というものである。例えば、男性の知性の高さを説明する根拠として、学問や政治の場で男性が高い地位を占めていることを挙げても疑問をもたないことがある。

第三に、このような仮定にもとづいたリサーチ・クエスチョンをもっている点である。例えば、男性の知性が高いのは脳が大きいからなのか、というリサーチ・クエスチョンをもつ。

第四に、研究結果が仮定を支持しないときも、仮定に疑問をはさむのを避ける。例えば、身体の大きさに比べて男性の脳が女性の脳よりも大きくないことが判明しても、男性のほうが知的であるということに疑問をもたないという点である。

第五に、仮定に矛盾するような研究を偏って解釈するということがある。望ましい特性と考えられてきたもの、例えば、文章を読むのが早いということを望ましくないもの、例えばトラブルを引き起こすようなものとして描写することである。

第六に、理論を支持する根拠、理論のもつ論理、理論が引き起こす有害な結果に疑問をもたないという点である。

以上の仮定や問題について、次節以降でみていこう。

3　心理学における再現性課題

本節では、心理学で用いられる統計学の手法について説明する。今日では、心理学の研究者によって問題がある方法について見直しが進められている（豊田 二〇二〇）。しかし旧来の方法を説明することにより、発表された研究が、必ずしも再現できないという問題を確認する。これらは心理学全体の研究課題であると同時に、性差研究の領域に直接かかわる問題である。

再現性の課題

今日、心理学の研究の再現性は危機に面していると言われている（リッチー二〇二四）。再現性の危機とは、論文に掲載された研究と同様の手続きで研究（追試）をしても、しばしば同様の結果にならず、再現できないことをいう。これはもちろんどのような領域においても問題になるが、性差研究では誤った研究成果は差別につながる可能性があり、とりわけ重要な課題である。ここで、再現性の危機を知らせるきっかけとなった研究を二つ紹介しよう。

第一は、心理学研究の再現性の低さの問題である。二〇一五年、世界でもっとも権威のある科学雑誌であるサイエンス誌に掲載された論文（Open Science Collaborations 2015）によって、この再現性の問題はクローズアップされた。この論文は、これまでメジャーな学術雑誌に載った心理学の一〇〇の実験を追試した。その結果、元の論文と同様の結果が得られたのは、領域によるが、わずか三分の一から二分の一程度であるとし、心理学研究に対する課題を突き付けた。

なお、学術雑誌への論文掲載とは、正式な研究発表方法の一つである。その学術雑誌への論文掲載のプロセスのなかに、査読がある。査読とは、投稿には同業の匿名の研究者（多くは複数名）に研究内容のチェックを受けることである。査読に直接かかわる研究者のほか、学術雑誌の方向やレベルを保つうえで、雑誌の編集委員の意見も重要となる。なお、メジャーな学術雑誌は一般に査読の審査が厳しくなされているとされる。そのため、仮にメジャーではない学術雑誌に掲載された論文についても追試をした場合には、再現性はいっそう低いことが予想される。

このような再現性の低い研究が量産される理由の一つに、統計学のなかの「有意性検定」という方法があると指摘されている（豊田 二〇二〇）。有意性検定とは、対象とする人々全員である母集団から、一部の人々に対して調査や実験をおこなった際に用いる手法である。対象とする人々全員（例えば日本に住む人全員）に対して調査や実験ができないことのほうが多いことから、有意性検定は重要な手法となっている。

そして、有意性検定ではp値という指標を用いて有意性検討を行う。p値とは、（多くの場合）差がないという帰無仮説のもとで、得られた結果がそのように見える、もしくは、それ以上の効果があるように見える確率のことである（リッチー 二〇二四：一五一頁）。心理学ではp値が〇・〇五（または〇・〇一）という値を基準に、差があるかどうかを判定することが多い。p値が、基準とされる〇・〇五（または〇・〇一）より小さいということは、帰無仮説のもとではその結果がめったに得られないと考える。そして、前提とした帰無仮説に無理があるとして帰無仮説を棄却し、差がないとはいえない、したがって差があると考える。なお、このプロセスにおいて「差がないとはいえない」ことは、積極的に「差がある」ことを意味しないのだが、しばしば「差がある」と同様に理解される。

有意性検定の手続き上、差がある場合のほうが研究発表されやすく、結果として発表された研究ではp値は低いものが多いことが知られる。Open Science Collaborations（2015）は、図1にさきほどの論文の元の研究（Original Studies：図1の左）と、追試の研究（Replications：図1の右）のp値という値を示している。p値は縦軸のp-valueとして示されている。これをみると、元の研究（Origi-

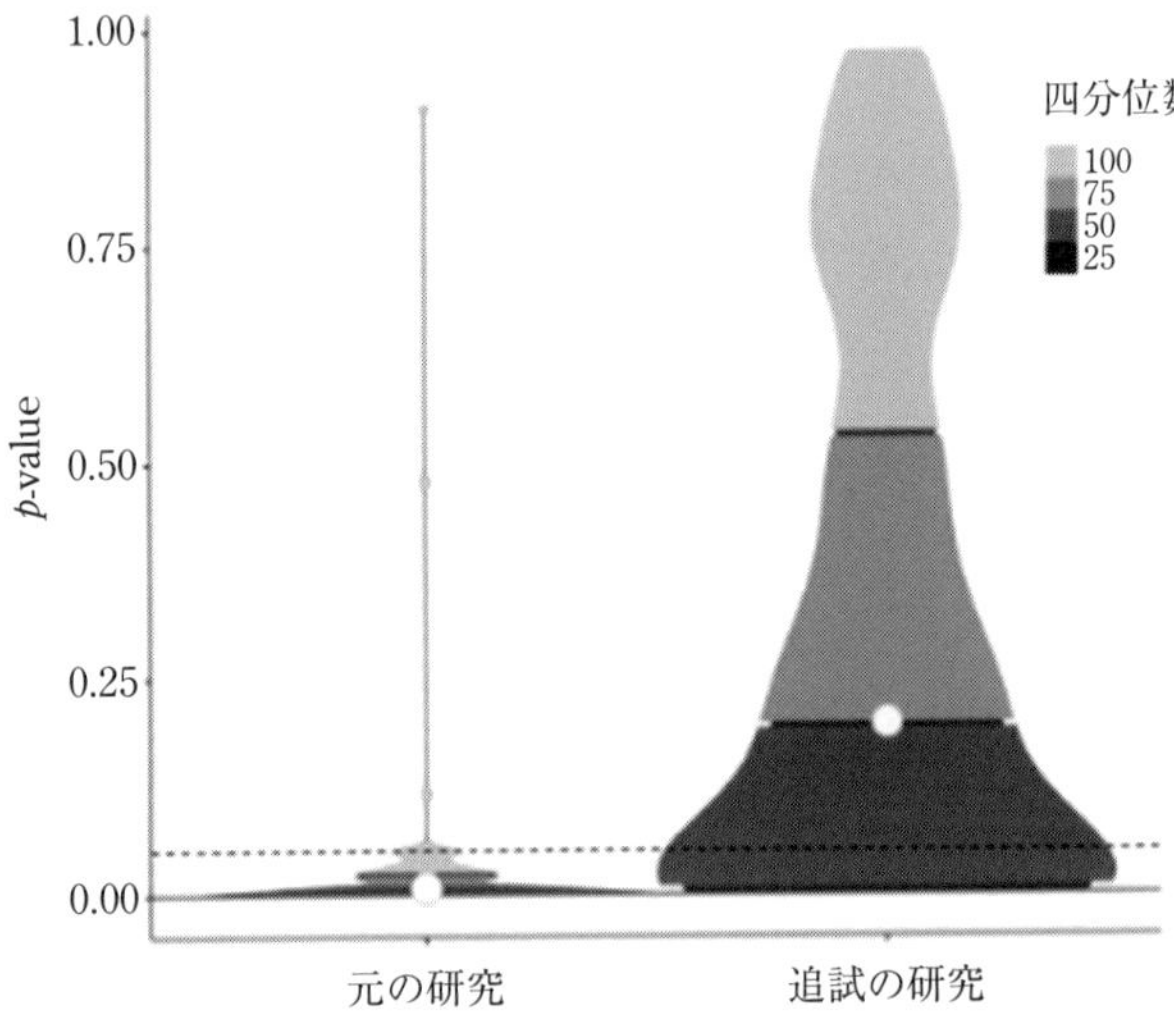

図１　元の論文と追試の論文での p 値の分布

［Open Science Collaborations（2015）Fig.1 Density plots of original and replication *P* values and effect sizes を基に作成］

nal Studies）では p 値は〇・〇五以下に集中している。一方、追試では〇・〇五より大きな値をとる p 値も多く、元の研究と同様の結果が認められていない。追試のほうが研究計画に無理のないものと考えるならば、元の研究では低い p 値に偏った研究成果ばかりが学術雑誌に報告と掲載がされていると考えられる。

このように、心理学の研究において差があるかを示すとき、p 値による判定が非常に重視されている。もちろん、データの分布や値そのものの差についても論文のなかでは検討されるが、p 値が最も重要な指標とみなされたときもあり、元の論文と追試では全く異なる分布になるほどである。

「予知能力」の発表

再現性の危機を示す第二のきっかけとして、予知能力実験がある（Bem 2011）。アメリカの名門大学であるコーネル大学の心理学部教授ダリル・ベムによって、予知能力が発見されたとする研究群である。この研究は、社会心理学のトップの学術雑誌である、Journal of Personality and Social Phycology に予知能力の存在を示した論文が掲載された。だが、この内容は現代の科学では、「非科学的」といえる内容である。権威がありチェックの厳しい学術雑誌に非科学的内容が掲載されたということで、大きな話題を呼んだ。

この論文のなかに掲載された一つの研究を紹介しよう。実験参加者はコーネル大学の学生男女（男性五〇人、女性五〇人）を対象に行われた。この実験では、カーテンの後ろに写真があることを知らされる。写真は性的なものとそうではないものがランダムに（五〇％、五〇％に）混在する。予知能力がない場合は、五〇％の確率で性的な写真を当てられることになり、これより高い確率だと予知能力があると考えられた。実験の結果、性的な写真を特定したのは五三％であった。また、有意性検定の結果、有意に差があることがわかった。この結果は、偶然よりも有意に性的な写真を特定することができ、予知能力があると結論づけられた。

なぜこのような非科学的な研究が権威ある学術雑誌に掲載されたのだろうか。この過程について、編集委員会からコメントが提示されている（Judd & Gawronski 2011）。このような非科学的な帰結が導かれる論文であっても、研究の手続きには問題はなく、統計的検定においても有意な結果となっている（p値が〇・〇五以下で有意）。そのため、この雑誌では不採択とする根拠が見つからないとして掲載したという。また、この結果を受け、活発な議論が行われることが期待されるということであった。

このように、二〇一一年当時の心理学においては、有意性検定のp値はそれほど強固な判定の基準となっていた。

有意性に関わる課題

有意性のみが重視されることを懸念して、二〇一六年アメリカ統計協会（American Statistical Association）の声明（Wasserstein & Lazar 2016：日本計量生物学会訳 二〇一七）は、p値の適正な利用を求めた。[*3] その声明では、p値への過度な依存から脱却するべきとしている。たしかにp値のみを判定の基準とするのはよくないかもしれないが、差があるかどうかを判定する際に、ある基準を設けること自体は必要ではないのだろうか？ この疑問に対して、研究手法に関わる問題が整理されている（リッチー 二〇二四）。それは、①有意水準の恣意性、②p-hacking、③出版バイアスである。

有意性検定に関わる問題の一つめとして、有意水準の恣意性を説明しよう。心理学では〇・〇五（あるいは〇・〇一）という有意水準の基準が用いられることが多く、この基準は科学的で客観的な指標に見えるかもしれない。しかし、これらは、一見科学的で客観的な基準のようだが、本来一律に決められるものではない（豊田 二〇二〇、林 二〇一八）。心理学では〇・〇五が慣習的に使われており、区切りのよい数値ではあるものの、十分な根拠があるとはいえない。[*4] また、この有意性検定はサンプルサイズによって検定の通りやすさ（p値の値）が異なるというやっかいな特徴ももつ。一般に、サンプルサイズが大きくなるほど推定される区間は小さくなる。この特徴から、サンプルを増やしていくごとに有意になりやすいという特徴がある。本来は、サンプルサイズの設計と合わせて検定の水準を決める必要があるが、あまり普及していない（豊田 二〇二〇）。

有意性検定に関わる問題のふたつめが、p-hacking の問題である。p-hacking とは、学術雑誌で要請される形式を満たしつつ、p値を有意水準未満に導くことである。p-haking が生じる問題の一つとして、豊田（二〇二〇）がゾンビ問題と呼ぶものがある。それは、実験の参加者を少しずつ足しながらp値をモニターし、検定が有意になったところで実験を止めるというものがある。このようなことが

＊3　アメリカ統計学会の声明の内容は次の六つである（Wasserstein & Lazar 2016：日本計量生物学会訳 二〇一七）。

①p値はデータと特定の統計モデル（訳注：仮説も統計モデルの要素の一つ）が矛盾する程度を示す指標の一つである

②p値は調べている仮説が正しい確率や、データが偶然のみでえられた確率を測るものではない

③科学的な結論や、ビジネス、政策における決定は、p値がある値（訳注：有意水準）を超えたかどうかにのみ基づくべきではない

④適正な推測のためには、すべてを報告する透明性が必要である（⇔p-hacking）

⑤p値や統計的有意性は、効果の大きさや結果の重要性を意味しない

⑥p値は、それだけでは統計モデルや仮説に関するエビデンスの、よい指標とはならない（p値は帰無仮説を否定する弱いエビデンスでしかない）

＊4　領域や研究対象が変われば有意基準も変わる。素粒子物理学では有意水準を3×10^{-7}とし、ゲノムワイド関連解析では有意水準を3×10^{-8}としているという（林 二〇一八）。

生じやすい構造として、サンプルサイズが大きくなるほど小さな差異でも有意になりやすいという有意性検定の特徴がある。そのため、当初計画したサンプルサイズに参加者を足せば、有意になる可能性が高くなる。そうした特徴を利用し、自分の求める仮説に合致する結果が出た時点で分析をやめるものである。この問題は、論文として報告される際には伏せられ、計画した実験やサンプルサイズで、有意な結果が出たように読めることもあるやっかいなものである。この方法によって、報告される研究の p 値は低くなる。

第三に出版バイアスの問題がある。論文が刊行される際に有意ではなかったものは報告されにくい（池田&平石 二〇一六）。この主体となるのは、研究結果を報告する研究者のほかに、投稿された論文を査読する学術雑誌である。ここで、有意性検定の特徴からも出版バイアスが生じやすい理由を補足しておこう（豊田 二〇二〇）。有意性検定は「差がない」ことを帰無仮説とすることが多い。有意な場合は、「差がない」ことが否定されたという意味になる。ここから消極的な解釈として「差がある」と主張しているにすぎない。こうした特徴は、「差がない」という結果を積極的に研究成果として報告しにくい背景ともなっている。

以上のような心理学の再現性の問題は、性差研究に直接かかわる問題である。男女差があるという研究は、ないという研究よりも発表されやすいという指摘がある（カプラン&カプラン 二〇一〇）。性差に関してさまざまな研究結果があることを利用して、複数の研究を収集し、より安定的な分析をするメタ分析方法がある（Hyde 2005; Ethan et al. 2015）。この手法を用いた研究では、多くのテーマの性差研究において、元の研究の主張とは異なり性差があるとはいえなかったという（Hyde 2005; Ethan et al. 2015）。また、性差がある場合でも、効果量という性差の程度を確認すると、必ずしも大きいものではないという。それぞれの研究では適切な手続きをし、論文のなかに研究の不十分な点が書かれていることもあるため、この結果は即座に元の性差研究が誤っていることを意味するわけではない。ただし、再現性の問題で指摘されているように、性差研究において発表されてきた結果を読む際には十分な注意が必要なものとなっている。

4 平均値に対する誤った理解

第3節では、心理学の研究プロセスのなかで統計学が用いられること、そして、その統計学の手法のなかに性差が発表されやすい構造があることを紹介した。本節では、統計学を用いた分析の際に生じやすい誤解を紹介する。ただし、現在の科学研究で単純な誤解が発表されることは少ないこともあり、本節では、やや古い内容であるが、『話を聞かない男、地図が読めない女』という書籍から典型例を紹介する。

『話を聞かない男、地図が読めない女』は、アラン・ピーズとバーバラ・ピーズによって書かれた一般書である。一九九九年にイギリスで、二〇〇一年にアメリカで出版され、二〇〇二年に日本で訳書が出版された。日本だけでも二〇〇万部を売り上げ、世界では六〇〇〇万部を売り上げたといわれる

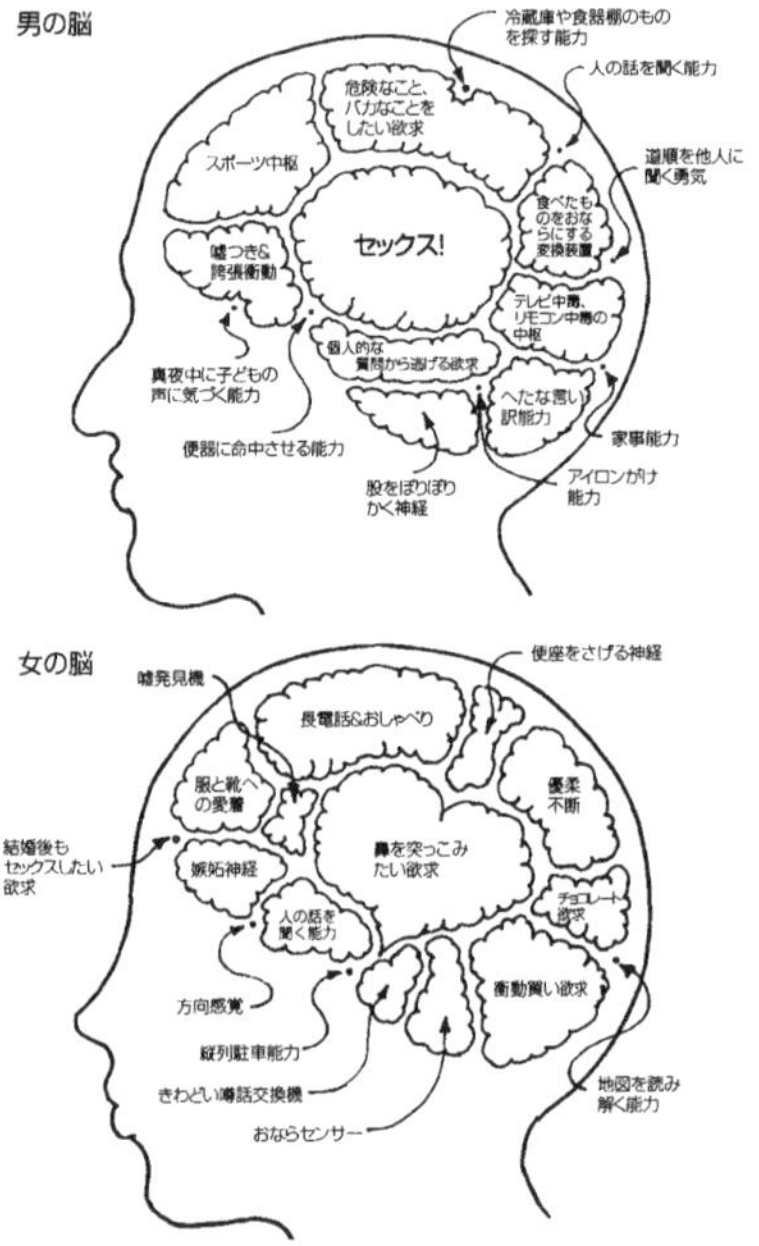

図２　男の脳・女の脳の過度な単純化の例［ピーズ&ピーズ（2002）より引用］

（アエラ 二〇二三）。この書籍が広く読まれた背景には、人々の共感を誘ったり、人々の日々の疑問を刺激したりしたことがあるかもしれない。また、脳を扱った研究や、ホルモンなどの生物的な側面から男女の違いを説明していることが特徴である。ただし、現代の視点でこの書籍を読めば、心理学や統計学の誤用ともいえる理解が散見され、否定される内容であることを付け加えておく（ジョエル&ヴィハンスキ 二〇二一）。

この書籍を引用し、統計学の結果を「過度に単純化」する問題を紹介する。「過度な単純化」とは、なんらかの得点で男女の平均値に差がある場合に、男性グループ全員が女性グループ全員よりも高い（あるいは低い）得点をとると解釈するものである。実際に分布をみて、この問題を考える。

誤った性差研究の例——過度な単純化

まずは、いかにも科学的ではないと感じられる記述から紹介しよう。図２では、男と女の脳の違いをイラスト化し、脳のなかに関心事や能力が描かれている。こうした図は、現代でも雑誌やウェブ記事などで見かけることがあるかもしれない。男性の脳の中心には大きく「セックス！」と書かれ、男性の頭のなかがセックスで埋められているように描かれる。一方、女性の脳には、ごく小さな点として「結婚後もセックスしたい欲求」と書かれ、男女の違いを読み取ることができる。また、「地図を読み解く能力」「方向感覚」「縦列駐車能力」は小さな点で描かれ、あまり能力がないものとしている。一方、男性では「家事能力」や「アイロンがけ能力」「人の話を聞く能力」が小さな点で描かれ、あまり能力がないものとしている。この内容については、根拠がないものと読み取ることが容易である。

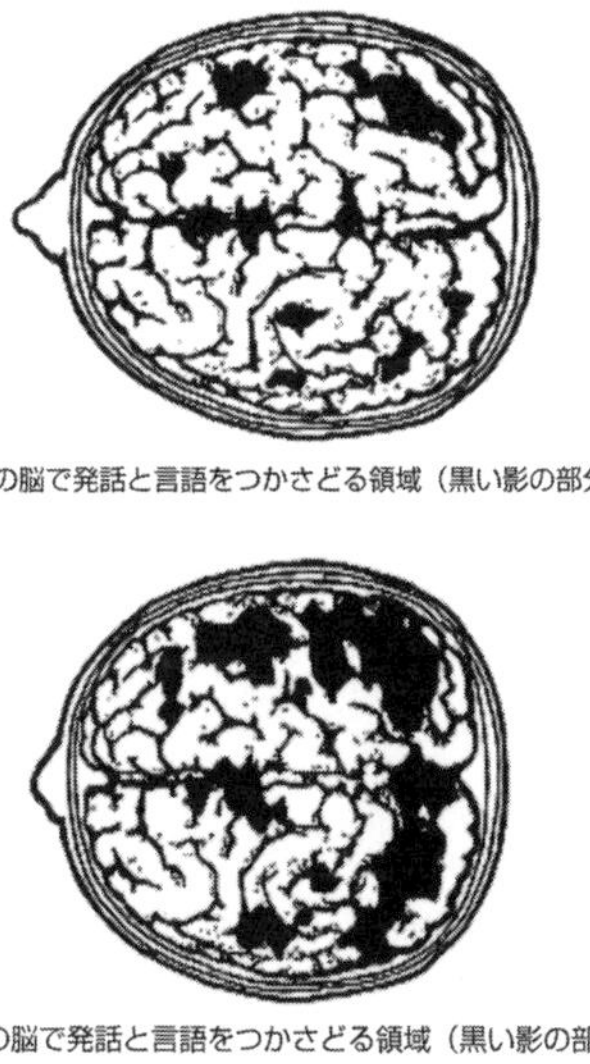
男性の脳で発話と言語をつかさどる領域（黒い影の部分）
女性の脳で発話と言語をつかさどる領域（黒い影の部分）

図 3　男性の脳と女性の脳の働きの違いの例［ロンドン精神医学研究所（1999）より引用］

しかし、この書籍では脳の働きを示しながら、男脳・女脳を「科学的に」説明しており、説得されそうになる箇所もある。例えば、科学研究の成果として脳を図示して、男女の違いを主張するものがある。図3は言葉を話しているときの男女の脳をスキャンしたものとする。図3の左は男性の脳とされ、男性には言葉を話すときに活発になる領域がほんの少ししかないとする。そこから、男の子が発音や話し方が明瞭ではないとし、さらに脳の生得的なものによって男脳ができていると説明する。一方、女性の脳をスキャンした図3の右では、女の脳では話すことは左脳と右脳の両方を使い、女が言語能力に優れていると紹介する。そして、生得的な理由により、乳幼児の頃から言語取得能力が高く、第一言語はもちろん、第二言語の取得が早い、などとの説明がされている。

このような説明を受けた場合、男性の脳、女性の脳は異なるのだと説得されてしまうかもしれない。しかしながら、神経科学者のジョエルとヴィハンスキ（二〇二一）は、近年の研究から脳の働きの違いに明確な男女差がないとする。これは、男性的な傾向をもつ場合や女性的な傾向をもつ場合を一切否定しているのではない。そうではなく、男女の違いよりもずっと個人としての多様性が大きいと主張する。脳はきわめて多様で個人差が大きい「モザイク」だと主張する。脳の特徴を性別で二分できるほど単純ではなく、脳のあり方に関しては性別以外の要素も考える必要がある。

男女ともに多様な脳にもかかわらず、『話を聞かない男、地図が読めない女』では、典型的な例を出し、それを男性全員、女性全員にあてはまるかのような説明をしていた。過度な単純化がおこなわれたのである。このように、性差が見いだされたときに個人差を無視して男性と女性がまったく異なるものと解釈することは正確ではない（カプラン&カプラン 二〇一〇）。さらには、こうした解釈を発表していくことは、誤ったジェンダー・ステレオタイプを強化することにつながる危険性を含んでいる（カプラン&カプラン 二〇一〇）。

平均値のひとり歩き

「過度な単純化」を理解するうえで、統計の分布を確認することは非常に有用である。統計学では、分析するデータに対して分布が仮定される。正規分布が仮定されることが多いため、ここでの説明で用いる。実際のデータの分布はでこぼこしていたり、高い得点や低い得点にピークがあったりするため、これらの図はあくまで概念的なものと理解してほしい。

図4と図5には、男女の算数の得点差が二点となる架空の例を示した。なお、男女の算数テストの点数差は調査の対象や時代によってある場合もない場合もあることを改めて付け加えておく（伊佐&知念 二〇一四、古田 二〇一六）。今回示す図の参考としたのは、伊佐&知念（二〇一四）で用いられた日本での調査データである。この調査データでもっとも得点の差がみられた学年を参考に、一〇〇点中で二点程度男性のほうが女性より得点が高いという点差を用いる。

また、図4と図5では、分布のばらつきの程度を変えた。伊佐&知念（二〇一四）には算数テストの男女別のばらつきの程度（標準偏差）も示されており、それを参考にした。図4は平均値の違いを理解するため、男女のばらつきを同じとした。図5では平均値の違いに加え、ばらつきがある場合を示した。いずれも架空の例ではあるが、現実的にもあり得る程度のものと想定している。

では図4をみてみよう。図4では男性のほうが得点を二点高く設定している。ただし多くの男女は平均値付近に分布しており、男女の分布での重なりも大きい。二点という点差にどの程度の意味を見出すか、統計学とは別に検討が必要である。分布の重なりの大きさからは、男女とも似たような得点をとることが分かる。そのなかで、男性や女性の典型とされやすいのは、点数の高いゾーンにいる男

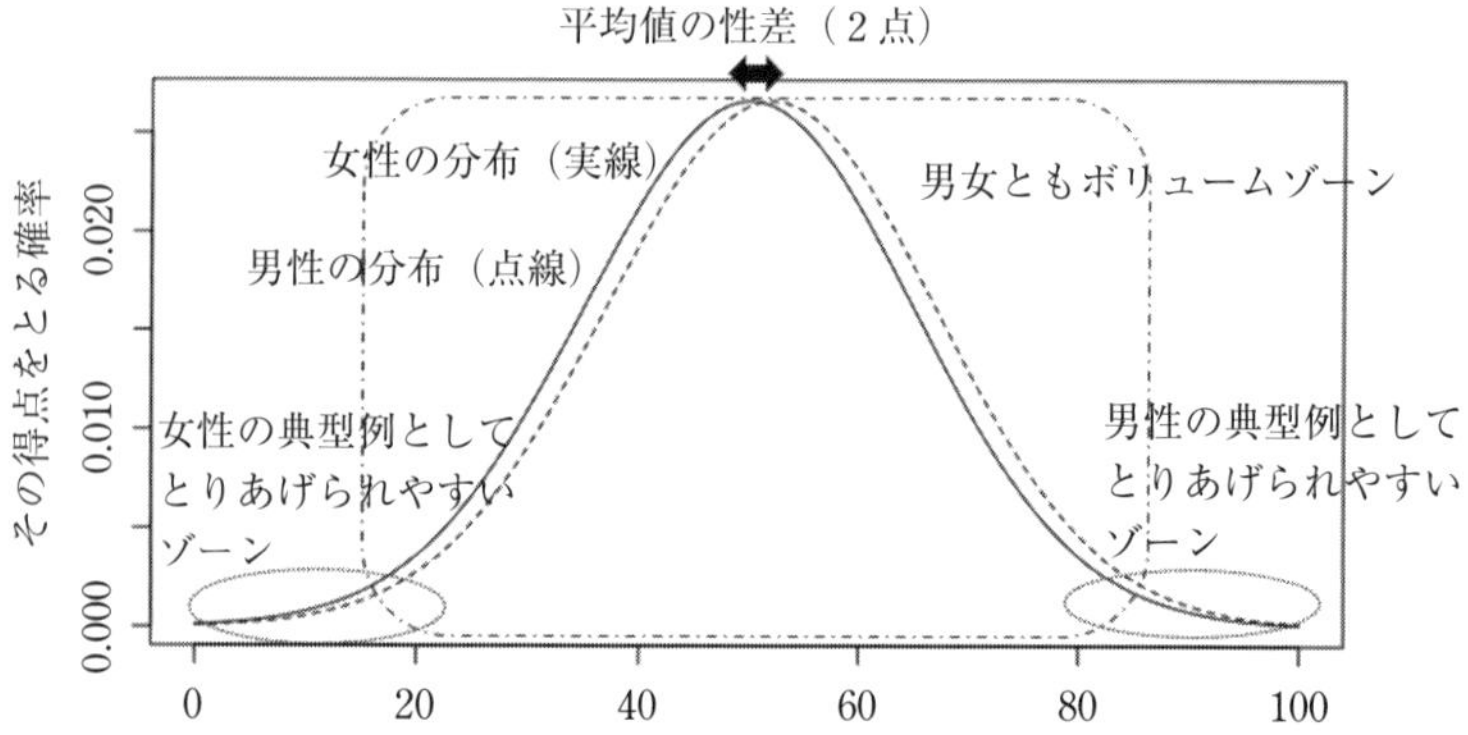

図4　算数の得点の男女差（2点）の架空の例1（ばらつきが同じ場合）。実線を女性、点線を男性とする

注：伊佐＆知念（2014）を参考に、男性の平均値52、女性の平均値50、標準偏差は男女とも15とした

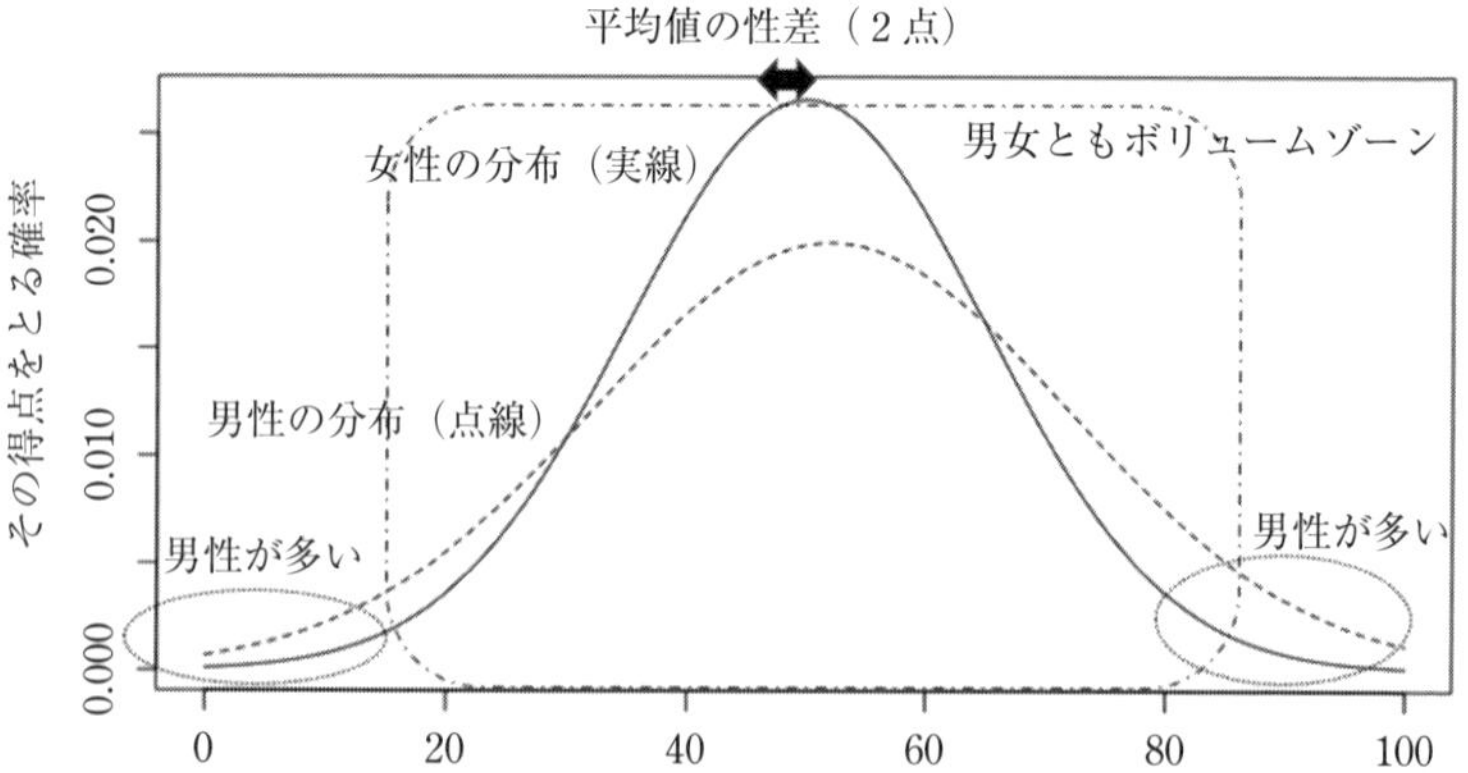

図5　算数の得点の男女差（2点）の架空の例2（ばらつきが異なる場合）。実線を女性、点線を男性とする

注：伊佐＆知念（2014）を参考に、男性の平均値52、男性の標準偏差20、女性の平均値50、標準偏差15とした

性と点数の低いゾーンにいる女性である。点数の高い男性と、点数の低い女性という極端な者を並べて例示することがあれば、極めて大きな性差があると受け取ることもあるだろう。しかし、この分布が示すところは、得点に性差があるからといって、すべての男性がすべての女性より得点が高いと意味しないということである。多くの者は男性でも女性でも取りやすいボリュームゾーンの得点をとる。

次に図5のように平均値とばらつきの異なる分布をみてみよう。ここでの分布は、男性のほうの得点を二点高く、そして男性のほうを大きいばらつきに設定している。実は平均値の差がない場合でも男女でこのようなばらつきがあると、上位の得点も下位の得点も男性で占められることになる。この特徴を知らなければ、平均値で男性の得点が高く、そして上位者に男性が多いという二つの情報から、男性のほうが優れているという主張をしてしまうかもしれない。それにより教育の支援が必要となる下位の者（とくに男性）を見落としてしまうかもしれない。分布のどこを切り出すかによって、男女の印象が全く異なる可能性がある。

以上が、性差の分布の説明である。平均値はデータの情報を集約する便利な値であり、適切に活用するとよいのだが、平均値や分布への理解が不十分だとデータの特徴をつかみ損ねる場合がある。性差研究において誤りやすいものをまとめると、第一は、男女で平均値に差が認められたとしても、その差が意味のある値かどうかを考える必要がある。第二は、仮に男女で平均値に差が認められたとしても、多くの分布ではすべての男性が、すべての女性よりも点数が高い（あるいは低い）ということにはならない。大半の男女が同程度の得点を取る。第三に、平均値とともに分布の形状（ばらつき）

も重要である。男女のデータのばらつきの違いにより、上位の得点の者を集めても、下位の得点の者を集めても男性が多くなることがある。平均値の点差に加え上位の割合も男性が多いことをもって、男性が女性よりも優れていると論じることには注意が必要である。平均値は重要な指標であるが、平均値を一人歩きさせず、実際の分布や、そもそもの点数の差の意味などを十分に理解して性差を説明する必要がある。

サンプリング・バイアス

また、性差研究において男女のデータの収集方法にはとくに注意が必要である。実は多くの研究において、性別だけが異なり他の条件が同じ男女を比較することは難しい。とくに、比較したい関心が、男女の環境の違いではなく、男女の生得的な違いにある際は極めて難しいものである。カプラン&カプラン（二〇一〇）から、一九八〇年代になされた数学の性差の研究の例を紹介しよう。アメリカで七、八年生（日本の中学生に相当）の学力の高い生徒に、SAT（大学の合格判定の際に使われるテスト）の数学テスト（SAT-M）を受けてもらい、その得点を検討した。協力者の集め方は、なんからの標準数学テストで上位二〜五％の得点を得た生徒に対してSATを受けるように誘い、太平洋岸中部の生徒が参加したという。五万人の調査となった。得点に関して、男子のほうが女子より得点が高かった。この調査をした研究者らは、数学の能力に性差があり、さらに生得的なものだと発表した。はたして、この調査の結論から、生得的に男子のほうが女子より数学の能力が得意だと結論づけられるのだろうか。

こうした研究の方法は珍しくないが、しばしば男女が均質の対象者（サンプル）をとることが難しいというサンプリング・バイアスの問題が内包される。この研究では、協力者として男女ともに数学の得点の高いものが選ばれており、均一のサンプルと思われるかもしれない。しかしながら、同じ家庭、同じ学校、同じ教室にいる男女であっても、彼ら彼女らを取り巻く環境は同じではない。生まれてから、親や教師、周囲の者の扱いが男女で異なることがある（森永 二〇一七）。女子には数学の期待をせず、男子には数学の期待をかける環境は珍しくなく、そうしたことは、数学に取り組む姿勢や得点の性差に影響することは十分にあるといえる（森永 二〇一七）。また、協力者を集める段階で、教師が男子に積極的に声をかけ、女子にはあまり声をかけなかった場合によっても、均一のサンプルを得ることは難しい。

このように、「性別だけが異なり、他の環境が全く同じ」と仮定される男女を集めることは非常に難しい。とくに、男女をとりまく環境の違いではなく、男女の生得的な違いを得点の平均値の違いのみから主張するのは極めて難しいといえるだろう。

5　性差の根拠とされるもの

ここまで、統計学とのかかわりで性差研究の問題を論じてきた。本節では、誤った性差研究がもっともらしく説明されるいくつかのパタンを紹介する。とくに研究者が性差を生得的な理由として理解したい場合、飛躍した説明が行われやすいという（カプラン&カプラン 二〇一〇）。本節でも『話を聞かない男、地図が読めない女』を主な題材とし、問題のある説明パタンを紹介する。

多くの社会で性差がみられるという説明

性差があるという結果が得られたときに、それを生得的で固定的なものと仮定することがある。カプラン&カプラン（二〇一〇）はこれを根拠のない誤った仮定として強く批判している。その理由として、身体的な特徴でさえ環境によって特徴の現れ方は大きく異なることや、遺伝的に発現するとされるものでさえ環境の影響を大きく受けることが挙げられる（カプラン&カプラン 二〇一〇）。こうした研究成果からみれば、性差を生得的で変えられないものと仮定することには無理がある。

しかし、能力などでみられる性差は生得的で固定的なものとして説明されることがある。その説明の仕方の一つは、多くの社会でみられたことを理由に、性差の普遍性を説くものである。『話を聞かない男、地図が読めない女』の「空間能力を試してみる」の節を例に説明しよう。アメリカで性別による偏りを排除した（と主張される）空間IQテストが開発され、多様な文化の人々に対して実施されたという。都市部や田舎に住む人々、近代化していない地域に住む人々に実施された。そして、総合的な知能は女性が男性よりも三パーセントほど上回っており、迷路パズルという一部のテストでは男性が女性の点数を上回っていた。このテストでは、さまざまな社会に住む人々を対象に実施されたこともあり、男性が女性よりも空間能力に優れていることはどのような社会でも共通にみられる、普遍的なものとして紹介された（ピーズ&ピーズ 二〇〇二）。さらには、他の動物であるラットやゾウでみられる性差も人間社会の性差と共通しているとして、男性の空間能力の生得的な高さを主張した

（ピーズ&ピーズ 二〇〇二）。

よく似た説明のパタンとして、男女の能力の差は狩猟採集社会から現代まで続く共通したものだと主張するものもある（Ellemers 2018）。狩猟採集社会において、男性が雄々しく狩猟に出ており、女性は静かに木の実の採集をおこなっていたというイメージをもとに、現代の性別役割や能力の性差を正当化する説明することもあるだろう。これに対して、考古学や人類学の研究からは、女性が狩猟具をもち、狩猟に参加したということが示されている（Dyble et al. 2015）。現代人がイメージするよりも、狩猟採集社会のジェンダー役割は多様で、そして生活の仕方や分業の仕方も多様だったのである。

このように、性差を正当化する説明パタンとして、さまざまな社会で共通するかのような現象を用いることがある。しかし、女性よりも男性の環境が恵まれている社会を説明に用いた可能性があるため、一見、さまざまな社会で性差が認められるような説明がなされても、それは性差が生得的で固定的であることを意味しない。

測定されていない生物的な根拠を出す説明

次に紹介するのが、測定されていない生物的な根拠を出す誤りである。『話を聞かない男、地図が読めない女』の「男脳・女脳テスト」の例を紹介しよう。このテストでは、「男脳」にあてはまる点数、「女脳」にあてはまる点数を算出することができ、自分が男脳の要素が強いのか、女脳の要素が強いのかを自分でチェックするものである（図6）。このテストには「これは、脳のパターンが男っ

● 男脳・女脳テスト ●

これは、脳のパターンが男っぽいか、女っぽいかを調べるテストである。受胎後6～8週間のあなたが、男性ホルモンと女性ホルモンのどちらを多く浴びていたかを探るもので、正解、不正解があるわけではない。しかしその傾向は、あなたの価値観や行動、生きかた、方向性、選択に大きな影を落としているはずだ。

自分にいちばん当てはまると思う記号を○で囲んでください。

1. 地図や市街図を見るとき
　a なかなか理解できなくて、結局は誰かに聞いてしまう。
　b そんなものは見ないで、自分の行きたい道を行く。
　c 地図も市街図も、苦もなく読むことができる。

2. ラジオの鳴っている台所で、手のこんだ料理を作っている。そこに友人から電話がかかってきた。
　a 友人と電話で話しながら、料理を続ける。もちろんラジオもそのまま。
　b ラジオを消して、友人と話しながら料理を続ける。
　c 料理が終わったらかけ直すからと言って電話を切る。

● 得点の計算方法 ●
a、b、cがいくつあったか数えて、下の式に当てはめて得点を出す。

男性	
aの数×	10点＝
bの数×	5点＝
cの数×マイナス5点＝	
	合計＝

女性	
aの数×	15点＝
bの数×	5点＝
cの数×マイナス5点＝	
	合計＝

自分に当てはまらない設問、回答しなかった設問は一律5点とする。

図6　男脳・女脳テストの例［ピーズ＆ピーズ（2002）を基に作成］

ぽいか、女っぽいかを調べるテストである。受胎後六～八週間のあなたが、男性ホルモンと女性ホルモンのどちらかを多く浴びていたかを探るもので、正解、不正解があるわけではない」（ピーズ＆ピーズ 二〇〇二）と述べられている。本文中では、男性ホルモンであるテストステロンの程度を示しているものとして紹介されている。

テストの内容をみてみよう。例えば、「地図や市街図を見るとき」のような質問があり、質問それぞれに三つの回答の選択肢がある。例えば、「なかなか理解できなくて、結局はだれかに聞いてしまう」「そんなものは見ないで、自分の行きたい道を行く」「地図も市街図も、苦もなく読むことができる」という選択肢から一つを選ぶ。そして、三〇個の質問から得点を算出し、男脳の要素が強いのか、女脳の要素が強いのかを算出するものとなっている。そして指定の方法で計算し、得点が低い場合、論理的で分析能力に優れ、几帳面、感情にまどわされず、数学的な処理が得意、という特徴があり、これが男性的であるという。一方、得点が高い場合、創造性、芸術性が豊かで、直観や感覚でものごとを判断できる、という特徴があり、これが女性的であるという。

このテストをみてどう思われただろうか。このテストに関しては何の研究も引用されておらず、オリジナルで作成したものと思われる。受胎後六〜八週間に男性ホルモンと女性ホルモンを浴びた量によって、成人後の脳にどう影響しているかは明らかにされていない。最低限の根拠もなく、こうしたテストが作成されていることがうかがえる。

このテストの例は極端なものかもしれない。しかし、カプラン&カプラン（二〇一〇）では実際の研究でも、性差がみられた際に検証されていないホルモンの違いを説明に使う例があることが紹介されている。性差を生得的に説明する際、検証されておらず関係性の見えない男女の脳の違いやホルモンの違いが理由に持ち出されるのは一つのパタンである。

性差の結果を原因と混同する説明

またよくある誤りとして、性差の結果と原因を混同するものがある。『話を聞かない男、地図が読めない女』は、現状の男女の能力の差は、社会的に形成されたものではなく、生得的なものだという説明をする。例えば、一九九八年のオーストラリア、ニュージーランド、イギリスのデータをもとにした職業の男女比を紹介する。それによると、空間能力が要求される職業として航空機関士、パイロット、レースドライバーなどの職業をとりあげ、男性が占める割合が九九〜一〇〇%であることは、男性の空間能力が優れている結果であると説明する。女性がそうした職業にチャレンジしない現状に対して、「この種の職業に女性がいないのは、養成コースを受けないからだ。脳の作りがもともと向いていないから、女たちはそのための勉強をする気にならないのである。」（ピーズ&ピーズ 二〇〇二）という。

現代の性差研究では、社会環境がもつ影響が無視できないことが明らかにされている（森永 二〇一七）。どのような職業に就くかの性差は、教育や周囲の人々の期待、職場環境などから作られる部分が大きい。むしろ教育や周囲の人々の期待によって、能力は変わりうるものである。また職場環境の良さや、その職場での成功見込みなども、能力獲得の意欲に影響を与えよう。社会環境とともに生じる職業の違いを、生物的な根拠として持ち出すのは誤った説明のパタンである。

6 おわりに――性差研究で注意すべきこと

本章では性差研究の課題についてみてきた。ジェンダー・ステレオタイプを研究者がもつ場合、その偏見を反映したような研究が生まれやすい。科学的な手続きや統計学を用いれば、研究者の主観や偏見を反映しにくいと考えられるかもしれない。しかし、心理学の再現性の課題でみたように、統計学が原因の一つとなり、科学者の偏見を反映した研究蓄積が生じたともいえる。統計学の有意性検定は心理学でも強力なツールであるが、検定を有意にすることが研究において重視されることが、性差があるという研究が多く生まれやすい原因となっていることを確認した。また、心理学や統計学の研究結果が一般書などで紹介される際に、性差に関して過度な単純化や、誤った説明が用いられる例も確認した。

以上をふまえ、私たちは性差研究においてどのような注意が必要となるだろうか。まずは、研究者は自分自身が偏見を持ちうると自覚しておくことが大事だろう。とくに特定の属性に対する偏見をもつ場合には、自身の研究によって差別が生じないように慎重な姿勢が求められる。科学が差別に加担してきた歴史もふまえ、日本心理学会では倫理規定を定めている（日本心理学会 二〇〇九）。そこでは、社会に対する責任と義務として、自由で平等な社会の発展を念頭においた活動をおこなわなければならないとしている。人々に対する偏見や差別を助長するような研究は、厳に慎むべきである。しかし、何を差別とするかは個人や社会によっても異なる。また研究者は時代の価値観のなかにあり、そうした価値観の影響は避けられない。研究が差別を助長するものにならないように常に慎重な姿勢が必要となるだろう。

また、研究者に限らず、平均値を通じて過度な単純化がなされる危険性を理解しておくことは有用であろう。本章で確認してきた通り、平均値をもとにした性差は過度に単純化して理解されやすい。多くの能力や性格、適性において、男女の差はさほどなかったり、仮にあるとしても小さかったりする。男女の算数・数学の点数の差が一〇〇点中で二点あったとして、受験の場面では重要な二点といえるかもしれないが、ごく一般的な生活では誤差といえる点差かもしれない。有意性検定の結果だけを判断の基準にせず、得点の実際の差の意味についても考える必要がある。

最後に、ここまでで性差研究に伴う問題点について述べてきたが、性差研究自体がなされるわけではないことは付け加えておきたい。性別の研究でも、人種や階級の研究でも、統計分析は不利な属性の者が置かれた状況を明らかにするための強力なツールである。例えば、数学への意欲に性差がみられた場合に、なぜそのような差が生じたのか、という関心に発展する。親や教師が男子には積極的であるのに、女子には消極的だということが明らかになるかもしれない。また、大学の理系学部への進学を後押しする態度をとるか、止めるような態度をとるかという違いもあるかもしれない。性差をまずは確認することによって、どの程度の問題としてとらえることができるのかを議論し、性差が生じる原因とその課題について明らかにできる。

さらに、性差を把握することは、心理学の研究視点に含まれるジェンダー・ステレオタイプを明らかにするうえでも重要である。本章では扱わなかったが、能力などの得点化において、その指標がジェンダーに平等に作られていない可能性もある。例えば、女性の担当とされたために注目もされず評価もされない仕事や、それにかかわる能力があるかもしれない。どのような能力を可視化してきたかを整理することで、見逃されているものを明らかにすることにつながるだろう。

性差研究は、特定の属性の者の優位性を示すために用いるのではなく、不利な属性の者や支援が必要な者を可視化するために重要となる。性差研究によって、女性の不利や、男性の不利が明らかになっていくだろう。統計の分析自体は、ある属性に対する差別的な研究と支援的な研究で同じものになるかもしれないが、統計学はそれを社会問題の解決のために用いることによって、いっそう重要なツールとなる。

＊　＊　＊

【読書ガイド】

・P・J・カプラン&J・B・カプラン『認知や行動に性差はあるのか——科学的研究を批判的に読み解く』

森永康子訳、北大路書房、二〇一〇年〔解題〕心理学の性差研究が陥りやすい誤りを紹介した書籍である。様々な領域についての整理がされており、誤りのパタンについて学ぶことができる。

・D・ジョエル&L・ヴィハンスキ『ジェンダーと脳——性別を超える脳の多様性』鍛原多惠子訳、紀伊國屋書店、二〇二一年〔解題〕神経科学者によって、男女で脳の違いが明確にはないことが説明されている。そのあり方は「モザイク」され、性別で分けられるほど単純ではない。また、脳のあり方は個人差が大きいことも説明される。

・S・リッチー『Science Fictions　あなたが知らない科学の真実』矢羽野薫訳、ダイヤモンド社、二〇二四年〔解題〕科学研究のバイアスや再現性への危機についてわかりやすく説明されている。

第4章 LGBTQの人々が「自分らしく生きる」ということ

——性のポリティクスから多様性の哲学へ

近年、同性パートナーシップ制度が多くの自治体で定められ、これに関するホームページも作られている。ここには「誰もがありのままに受け入れられ、自分らしく生きることができる社会」という文言が必ず書かれている。これと同じことをＬＧＢＴＱの当事者からもしばしば聞かれる。

ところで、「自分らしく生きる」とはそもそもどのようなことなのだろうか。ここでの「自分らしく」が「出生時に割り当てられた性別らしく生きて、男性は女性を、女性は男性を愛するのが普通である」といった固定観念や差別的言動に晒されないようにするということを含意するのは論を俟たない。例えば、ゲイの人が他者からの暗黙の固定観念による強制から離れてゲイらしく生きることができたとしよう。このことは「自分らしく生きる」ということなのだろうか。

他者から区別された「私」は、身体や人柄の性質、性別や性的指向性、好み、思想等の様々な特徴から形成される。ゲイの人が、ゲイでないように周りから扱われるということは、彼の持つ様々な特徴のうちの一つが他者から否定されたということだ。このただ一つの否定が「私」全体の否定になるのだろうか。

他者によるセクシュアリティの否定が「私」全体の否定であるかのようになぜ重くとらえられるのか。他者からこれを否定されたとしても、自分がゲイであるということは決して変わらないのだから、他者からの承認など要らないのではないか。しかも、「本当の〈私〉」など自分自身ですらよく分からないのだし、私自身ですらわからないものについて他者が私以上にわかるのはさらに困難なのだから、私にとって自分の特徴だと思われるものの一つを他者から否定されたところで、「私」全体の否定にはならないのではないか。

もしもそうなら、泰然としていたらいいではないか。それでも泰然とできないのは、セクシュアリティが私と他者とのかかわりの間に置かれているからではないのか。

もしもそうなら、私と他者との間には支配／被支配つまり権力が否応なく入り込んでくる。このことが人を性のポリティクスへと駆り立てる。性のポリティクスは、本当なら奥深くて自分ですらも捉えることのできない「自分」に固有の「アイデンティティ」を私の外側から形成し、各人が持つセクシュアリティの「集団アイデンティティ」も形成する。共同幻想とも考えられる性的「アイデンティティ」に「自分」を同化させることが本当に「私らしく」生きることなのだろうか。さらに「私らしく生きる」ということは他者からの性的固定観念からの解放にとどまるのだろうか。これが本章で再考したいことである。

本章では、具体的なＬＧＢＴＱ差別やジェンダー差別をいくつかの例を参考にして明らかにしたうえで、ＬＧＢＴ関連法に見られるような法的アクションつまりポリティクスが「私らしく生きる」ということの一助となるとしても、「私らしく生きること」にとって十分ではないということを示したい。以上を踏まえて、ミシェル・フーコーの哲学的議論を参考にしながら、多様に「私らしく生きる」ということの将来とそこに求められる哲学や倫理を展望したい。

1　不可視化された差別と生きづらさ

自らがLGBTQであると公言している人の目の前でLGBTQを差別するということはあまり見かけないが、国会・地方議員や公的機関に属する人がLGBTQへ差別的な発言をすると、メディアで必ず取り上げられる。こうした人たちのことをひどい人たちだと感じる視聴者も少なくないが、LGBTQである――特にそのことを隠している――「私」や「あなた」といった人たちに影響を与える身近な差別者は数えきれない。

あるゲイの店員がいる飲食店――これはゲイバーではない――で、彼が出勤していなかったときに、彼のことを知る客が「あのおカマちゃん、元気にしてるの？」と店長に尋ねていたという話を筆者は聞いたことがある。この「おカマちゃん」と名指された彼は、数多くの人たちに自分がゲイであるということをカミングアウトしているそうであり、彼自身は周りの人々から「おカマ」と呼ばれることにはおそらく慣れっこになっているとは考えられる。とはいえ、明らかな差別用語で呼ばれることに当初は慣れていなかっただろうとは想像するのは難くない。そう呼ばれることに慣れっこになっているとしても、差別的な言葉で名指されるのを彼自身が望んでいるのではないから、これがセクシュアル・ハラスメントであるのは明らかである。とはいえ、「おカマ」と呼んだ客のほうは、この店員と険悪な間柄ではないので、この名指しが彼への加害に当たるとはつゆ思っていない。

こうした些細な差別は塵も積もれば山となる。その結果が、LGBTQの自殺者、自殺未遂者の多さであろう。[*1] 長野香の調査では「教育現場で差別発言を見聞きしたことがある」と答えた人は、一〇代の八五・六%に上っていると指摘している（婦人民主クラブ編 二〇〇九）。こうした差別の背景には、子どもたちがテレビや映画をはじめとするメディア、家族の言葉からLGBTQの間違ったイメージに晒されているということがある（婦人民主クラブ編 二〇〇九）。とはいえ、若い世代のほうがLGBTQの受け入れがよいという兆しもある。[*2] しかし、LGBTQであるということがきっかけでいじめを受けたことがあると答えたLGBTQの人々の数もかなり多く、いじめられた人たちを助けてくれる人も少ない。[*3] 日高庸晴によれば、トランスジェンダーやレズビアンはカミングアウト率が高いものの、ゲイやバイセクシュアル男性は低いと言う（佐藤 二〇二三）。このことはトランスジェ

＊1　日高庸晴はゲイ・バイセクシュアル男性の自殺願望について調査し、これまでに自殺を考えた人が六六・〇%、自殺未遂がある人は一四・九%、自殺未遂初回は一七・七%と報告している。レズビアンについてもゲイ・バイセクシュアル男性の率と同様に高い（婦人民主クラブ編 二〇〇九）。

＊2　二〇二二年一二月～二〇二三年四月の日高の調査結果によると、職場や学校で友人や同僚にカミングアウトしている人の割合は二八・一%。一〇代は四〇・一%であるのに対して、五〇代以上は一六・〇%である（佐藤 二〇二三）。

＊3　LGBTQであるということがきっかけでいじめを受けたことがあると答えたLGBTQのうち六八・六%が「自身のいじめ被害を知っている人がいる、目撃している人がいた」と答えているのに、「助けてくれる人、かばってくれる人がいた」と答えたのは二六・六%にとどまったという（佐藤 二〇二三）。

ンダーの人々やレズビアンが社会から受容されているというよりは、カミングアウトしないとかえって差別にさらされやすいのでやむにやまれずカミングアウトしているということを意味するのだろうし、バイセクシュアルの男性やゲイがカミングアウトしがたいのは、異性愛男性性を他者――特に同性――から強く求められており、性的指向性を他者から隠すか、他者に対してごまかすかしなければ、生きづらいからである。こうしたことを踏まえるのなら、ＬＧＢＴＱへの差別が大きく減ったのでは決してないだろう。

カミングアウトの比率の高いトランスジェンダーの人たちの現状は、ＬＧＢＱの人たちのそれよりも過酷である。小・中学・高校時代の子どもたちへの施策として、文部科学省は二〇一五年に「性同一性障害に係る児童生徒に対するきめ細かな対応の実施等について」という通達を都道府県教育委員会担当事務主管課長等に発出している。とはいえ、この発出の効果も虚しく、トランスジェンダーの人たちは日常生活の中で身近な人たちからの差別にさらされて傷つき、トランスジェンダーであるがゆえに就労を制限され、生活が困難になっているというケースも数多く見られる。性差や性的指向性、ジェンダーアイデンティティに関係なく、基本的人権は尊重されねばならないと憲法で謳われているのに、平等権や自由権のみならず生存権までもがＬＧＢＴＱの人たちは侵害され、しかも、この事実が不可視化されて、侵害に抵抗するための足場すらも差別者によって奪われてきたのである。

2 差別を助長しかねない？――LGBT法

こうした現状を踏まえ、二〇二三年六月一六日に「性的指向及びジェンダーアイデンティティの多様性に関する国民の理解の増進に関する法律」（LGBT法）が参議院を通過し、同二三日に公布・施行されている。この法律第一条には本法の目的が謳われている。

この法律は、性的指向及びジェンダーアイデンティティの多様性に関する国民の理解が必ずしも十分でない現状に鑑み、性的指向及びジェンダーアイデンティティの多様性に関する国民の理解の増進に関する施策の推進に関し、基本理念を定め、並びに国及び地方公共団体の役割等を明らかにするとともに、基本計画の策定その他の必要な事項を定めることにより、性的指向及びジェンダーアイデンティティの多様性を受け入れる精神を涵養し、もって性的指向及びジェンダーアイデンティティの多様性に寛容な社会の実現に資することを目的とする。

筆者はこうした方向性の法律を制定することそれ自体には異論はないが、先述の法律を受け入れることには困難を感じる。というのは、多様性を問題とするのなら、性的指向やジェンダーに限定されるとしても、LGBTQには回収されない様々な性的指向やジェンダーにも法の射程は及び、いわゆるスタンダードとされる異性愛者とて数多くの性的指向性やジェンダーのうちの一つであるから、これにも多様性の射程は広がるというのが法の理念——自由や平等という人間の理想——であるはずなのに、この法律自体に差別の臭いを感じ取れるからである。

この臭いをこの法律の問題点として大野友也は適切に指摘している。第一の問題は「性的指向及びジェンダーアイデンティティの多様性を受け入れる精神を涵養し」という文言に関する。「そもそも、性のあり方の多様性は既に存在しているものであって、それ自体非難されたり忌避されたりすべきものではない。それゆえ、「受け入れ」たり「寛容」になるべきものではないはずである」（大野二〇二三）と大野は言う。つまり、この文言は、ＬＧＢＴＱの人たちだけを予め不問に差異化しておいて、非ＬＧＢＴＱの人たちがＬＧＢＴＱの人たちを受け入れるという構図に立っており、この前提が多様性の実現とは真逆になっているということであろう。

第二の問題は第三条に関する。第三条は、

性的指向及びジェンダーアイデンティティの多様性に関する国民の理解の増進に関する施策は、すべての国民が、その性的指向又はジェンダーアイデンティティにかかわらず、等しく基本的人権を享有するかけがえのない個人として尊重されるものであるとの理念にのっとり、性的指向及びジェンダーアイデンティティを理由とする不当な差別はあってはならないものであるとの認識の下に、相互に人格と個性を尊重し合いながら共生する社会の実現に資することを旨として行われなければならない。

と謳われている。下線部の「不当な」という文言が問題だと大野は言う。大野は、「そもそも差別は不当なのであり、「不当な差別」というのは、「違法な犯罪」というようなものであり、まったく意味をなさないどころか、むしろ「不当でない差別」が存在するかのようなメッセージを送るものとなってしまっている」（大野 二〇二三）と指摘している。この条文の原案である衆議院第一九〇回国会議案第五七号法案（以下、原案）では「差別は許されない」という文言だけであり、原案修正段階で「不当な」という語が加えられた。大野によると、法案反対者が訴訟の増加を懸念したためにだと言う（大野 二〇二三）。この文言をめぐって、法案賛成者と反対者との間で熾烈な駆け引きが繰り広げられ、結局は「不当な」つきの文言が採用されたのである。

第三の問題は、第一二条に関するものである。第一二条は、

この法律に定める措置の実施等に当たっては、性的指向又はジェンダーアイデンティティにかかわらず、すべての国民が安心して生活することができることとなるよう、留意するものとする。この場合において、政府は、その運用に必要な指針を策定するものとする。

と謳われている。大野は、「すべての国民が安心して生活できることとなるように」という文言についてLGBTQの人たちがそうでない人たちを不安に陥れているかのように言われているとして問題視する（大野 二〇二三）。

第四の問題は、性自認という語がジェンダーアイデンティティという語に修正されてしまったとい

う点である。大野によれば、性自認という語は恣意的に自分の性を自認できるという誤解を避けるために横文字の「ジェンダーアイデンティティ」に変更されたのだが、この問題の背景には、性犯罪者が性自認を偽り、わいせつ目的でトイレや公衆浴場に侵入するということが法案反対者側から懸念されたということもある（大野 二〇二三）。

この法律の名称は「性的指向及びジェンダーアイデンティティの多様性に関する国民の理解の増進に関する法律」であり、素直に読むのなら、ここでの「性的指向」や「ジェンダーアイデンティティ」は、セクシュアリティにかかわらず誰でも持つのだから、特にLGBTQの人たちのそれだけを指すわけではないと理解されなければならない。とはいえ、ここでの問題の焦点は、とりわけてトランスジェンダーの人たちだが、LGBT法反対者が考えるように「性自認」という言葉に性犯罪が結びつけられているとすれば、性自認を偽らない人たちがトランスジェンダーということになる。しかも、身体的性と性自認がトランスジェンダー当事者にとって偽りなく一致していないのだから、ここでの「性的指向」や「ジェンダーアイデンティティ」という文言は、LGBTQの人たちのそれに限定されがちにもなろう。そうなると、非LGBTQの人たちのうちにいるセクシュアル・マイノリティ——例えば、身体的に異性のパートナーを求めるAセクシュアルの人や劇画やアニメに登場する二次元の異性を性愛の対象とする人、ポリアモニーの人のようなLGBTQに回収されないマイノリティはいるだろうし、今後は、その種類ももっと多様化するであろう——がいるということも不可視化される可能性もある。

LGBT法の原案のほうが国会を通過したLGBT法よりもLGBTの人たちに配慮された文言で

あり、まだ評価できると筆者は考えるが、原案についても懸念がないわけではない。

原案第一条第2項で「社会的障壁」が「日常生活又は社会生活を営む上で障壁となるような社会における事物、制度、慣行、観念その他一切のものをいう」と定義されている。LGBTQの人たちがいるということを想定していない制度や、慣行の中でも「法的な」慣行をLGBT法が制限するのは理解できる。しかし、事物、慣行、観念といった文化や人々の気持ちにかかわる障壁までがその対象とされている。もっともこれらの文言が法律成立の過程でどのような議論を経て法律の文言から削除されたのかは明らかではない。しかし、これらをLGBT法から外すのかどうかについて対立があったという話はメディアからも聞こえてこないし、大野の指摘にもない。このことから推測されるのは、事物、慣行、観念の障壁までは法の対象とはしないというLGBT法反対派に賛成派が折れたか、もしくは事物、慣行、観念が障壁のうちに含まれるという暗黙の前提が両者の間にあったのかのどちらかである。もしもそうなら、国会を通過したLGBT法で想定されている「障壁」のうちにも「事物、慣行、観念」が含まれるという懸念はぬぐいきれないのである。

事物、慣行、観念という語の指示する対象の範囲はきわめて広い。事物、慣行、観念のうちにある障壁を排除するとは一体どのようなことを指すのだろうか。

3 内なる差別意識をどう考えるか？

事物、慣行、観念の障壁をどのように考えたらいいのだろうか。ジェンダーレス制服をめぐる問題を足掛かりにこの問いについて考えてみよう。

レンは、女性っぽい男の子である。ジェンダーレス制服の導入にあたり[*3]、彼は、「女子がパンツかスカートを選ぶなら、レンもパンツじゃなくてスカートをはきたい」(Antenna 2023) と言った。レンは多くの女子生徒たちと仲良くし、二〇代の若手男性教員に恋心を寄せ、その教員の言動に一喜一憂する姿を同級生たちは応援するような態度なのだという (Antenna 2023)。MtF (Male to Female) で男性を性愛対象とする人の場合、女性たちと共に行動し、男性と行動する場合にはパートナーに限られるというケースが少なくないので、レンの女性担任教員は、修学旅行の時に男子生徒と同室で寝起き、入浴するのは嫌じゃないのかとレンに訊いた (Antenna 2023)。しかし、レンは「ぜんぜんへいきー」と答えたという (Antenna 2023)。このことは、トランスジェンダーといっても、トランスジェンダーに固有の性行動がある――つまり、アイデンティティがある――のではなく、実際にはその内実はかなり多様であるということを示している。レンだけでなく、異性愛者の男女とみられる人たちも同様であって、LGBTQのどれかに自分が当てはまらず、自分の性的指向性やジェンダーアイデンティティについて語る言葉が見当たらないという人たちもいる。

近年、ジェンダーレス制服を作る学校も出てきているのは周知のとおりである[*4]。そのたいていの学校では、従来の男性用制服、女性用制服にプラスしてジェンダーレス制服を作り、生徒はこれらのどれかを選択すると決められている。もちろん、男性生徒が女性用制服を着てもよいし、その逆も許されている。この記事にある学校でもジェンダーレス制服も採用した。

学校は私立であったとしても公的機関であるから、少なくともLGBT法が制定されたからには、これに従って学校が変わっていかねばならないのは当然である。LGBT法に合わせて学校のあり方を変えていかねばならないとすれば、ジェンダーレス制服の導入も性の多様性の実現のための一つの方法ではある。しかも、従来の男女別の制服を廃止せずにジェンダーレス制服も導入しているのだから、生徒の自由権を侵害していない。自由権の尊重は法的・制度的な問題であり、学校という場が法に従って作られているのであれば、学校でも生徒の自由権は尊重されねばならないはずである。この権利の保障の下で生徒が何を選択するのかは、私的なことである。もっとも職務や教育上、制服が必要な場合もあろう。この場合でも制服によって生徒の自由を制限しているのだから、せめても生徒の性の選択の自由は学校で行使できるようにしておかねばならない。

とはいえ、レンの通う学校では女性生徒がパンツスタイルの制服を着用することについて、五〇代以上の男性教員が「宝塚の男役みたいだ」「気味が悪い」「種の保存に背いている」「あの年齢にしかない可愛さが台無し」等（Antenna 2023）保護者の前で言えないことを言うのだという。また、レンの担任教員とは別の女性教員は、自分自身は生徒の多様性を受け入れていても、学校という組織がそれを受け入れられない場合や、日本の子どもたちがそれを受け入れられない場合があるとも言っている（Antenna 2023）。ここでジェンダー平等やLGBTQの人たちの尊重の妨げとなっている障壁は「観念」である。たしかに、学校が自由や平等という法的制度の下で作られた組織であるのなら、その中にいる教員が性差別的な観念を個人的に持っていたとしても、それにもとづいてジェンダー差別

＊4　ジェンダーレス制服については、トンボホームページ参照（https://www.tombow.gr.jp/school/original/genderless/）

やＬＧＢＴＱ差別を解消するために組織やルールの改善は義務であり、それを怠るということは許されない。

教員が当事者のいないところで保護者には聞かせることのできないような差別的な発言をするということはセクシュアル・ハラスメントの加害に該当するのは明らかである。とはいえ、差別感情を他者には告げず、心中で持っている場合だけだったら、どう考えるべきか。あるいは、差別的観念を持つ教員が誰にも見せることのない日記に「女子がパンツスタイルの制服を着るのは宝塚みたいだ」と書くことも性差別的「障壁」と見なされるのだろうか。

4　政治問題とされた観念

観念の「障壁」を想定しているのかもしれないＬＧＢＴ法が差別教員のような人たちの心の内なる差別感情を改めさせること、つまり、ＬＧＢＴＱを理解させるということは、可能なのだろうか。これの実現のために人々の言動の一挙手一投足、心の細部にわたるまで法的義務を課すということが望ましいことなのだろうか。同様のことは、ＬＧＢＴＱ側——ＬＧＢＴＱによる非ＬＧＢＴＱへの差別もある！——の一挙手一投足、心の細部にわたるまで法的義務を課すことも求められるのだろうか。

ここで考察の手掛かりとしたいのは、一九五九年にハンナ・アレントが『Dissent』誌に投稿した「リトルロックについて考える」である。アメリカ・カンザス州は黒人と白人を別々の学校で教育するという法律を定めていた。これに対して、一九五四年アメリカ合衆国最高裁判所は、子どもたちが平等に教育を受ける機会を否定しているとし、「人種分離した教育機関は本来不平等である」と判断した。この判決は、法律上の人種差別がアメリカ合衆国憲法第一四条の「法の下での平等保護条項」に違反するという判例を生み出すことになった。これを受けて、一九五七年にアーカンソー州はリトルロック・セントラル高校で黒人・白人共教育を実施することを決定し、九名の黒人を同校に入学させた。ところが、フォーバス州知事がこれに反対し、州兵を使い、この生徒たちの登校を阻止した。地元の白人たちもこぞって同校に押し寄せ、黒人生徒たちの登校を阻止した。これを重く見たアイゼンハワー大統領が陸軍をリトルロックに派遣し、この騒動の鎮圧に乗り出し、合衆国軍に警護されながら黒人生徒たちは登校した。これが、リトルロック高校事件の概要である。

アレントの主張は、合衆国憲法が「法の下での平等」を定めているのだから、人種差別を撤廃するように法改正するのは当然のことである、というものである（アーレント 二〇〇七a）。しかし、これは政治領域での人々の平等にかかわることなのであって、私的領域でまで人々が平等であるということが要求され、何もかも人々を平等にせねばならないということにはならない、とアレントは考えていた（アーレント 二〇〇七a）。

アレントが言いたいことは、参政、労働や婚姻の自由、教育、福祉といった政治領域にかかわることについては人種や性差――セクシュアリティと言い換えられようか――等々によって人々が差別されることは許されないが、私的領域での差別――例えば、黒人が入れないホテル、男性の立ち入りが禁止されている女性用下着専門店、異性愛者や女性の立ち入りを許可していないゲイバー等[*5]――に政治権力が介入してはならないということである。

アレントのこうした見解は一九五八年に刊行された『活動的生』（英語版では『人間の条件』）に負っていると考えられる。アレントによれば、人間の生には、労働、生産、活動の三つがある。労働とは、農作業や家事のような身体の維持のための活動であり、自然物を加工しても、数時間で消費されてしまうような物への働きかけのことを指す。これは「生存」と言い換えてもいいだろう。生産とは自然物を加工することであり、加工されたものは長時間残る物（歴史的建物のように数世紀にわたって残るものも含まれる）である。経済活動もこれに含まれる。これによってわれわれの住まう場所と世代間にわたる生活の基盤が作られる。これの上に活動が立つ。活動とは、共同体のことについて取り決める言論活動のことであり、主に政治活動や研究活動等がそれに当たる。アレントによれば、古代ギリシアでは、奴隷が労働し、職人が物品を生産し、自由人が政治活動するというように3つの言動が明確に分かれ、経済は家族（一族）の中で運用されていた。ところが、中世に向かうにつれて、活動の領域つまり政治領域に徐々に経済問題が入り込むようになり、近代に入り民主的国家ができると、経済問題は狭い一族の問題から国家全体の問題へと移り、国家はもはや経済活動を行う巨大な一家族となった、とアレントは考えた。近代以降の政治は共同体の共通善について議論する機関ではなく、税収の配分について議論する機関へと変貌したというわけである。このことが、国際的な経済的対立を生み出すようになり、その最悪の事態が全体主義とそこから引き起こされるジェノサイドである、というシナリオをアレントは考えていた（アーレント 二〇一五b）。

アレントの言いたいことは、ホロコーストの問題は本来、仕事領域と活動領域は峻別されねばならないのに、これらが混在しているという点につまり私的領域と公共的領域が合体しているということに集約される。

アレントのこうした見立てを援用するのなら、先の差別教員の一挙手一投足、心の細部にわたるまで法的義務で拘束するのは、やはり法による私的領域への侵犯と考えられなければならないだろう。多様性の実現という観点からみても、観念のうちにまで法が介入し、その法に観念すらもが服従し、さらには性差別的な観念がそれに服従するための教育・福祉制度まで整えなければならない、というストーリーが控えているとするのなら、これはミシェル・フーコーの言う司牧（規律）権力——宗教的指導者もそれによって指導される者も心の細部に至るまで自分を自ら規律すること——以外の何ものでもあるまい。

5　LGBTQの人々の多様なかかわり

LGBTQの人たちと非LGBTQの人たちを被差別／差別の構図でとらえるという見方をとる人をしばしば見かけるが、そもそもこの構図がLGBTQの人たちを捉えることになるのだろうか？

＊5　LGBT法の反対派は、性暴力の加害者となりうる異性愛者男性が女性トイレや公衆浴場に侵入すると懸念している。トランスジェンダーの人たちのこれらの利用に関して法によって明確に定めているのなら、問題があるだろう。しかし、LGBT法にはそのようなことは明言されていない。男性が立ち入りできない女性下着売り場が許されるのなら、トランスジェンダーの人の入れない——もしくは入ることのできる——公衆浴場もまた法的に許されねばならないだろう。ただし、この法律がどこまでのことを人々に要求しているのかはよくわからない。

この構図ではＬＧＢＴＱの集合アイデンティティがなければならないが、そのようなものは存在しうるのだろうか？これを検討するために、ＬＧＢＴＱの人たちの生活について鳥瞰的に見てみることにしたい。*6

筆者は、近い将来の社会では行政支援が乏しくなり、ひとり世帯の高齢者が増加して、超少子高齢社会が出現するということを見据え、そこでの将来像を現在のＬＧＢＴＱの人々の互助や共助のうちに求めるという研究を進めてきた。この研究では、札幌、仙台、東京（新宿二丁目）、名古屋、大阪、広島、福岡、那覇のＬＧＢＴＱの人々が集まる飲食店の従業員にインタビュー調査（以下、飲食店調査）を実施した。これに加えて、ＬＧＢＴＱの個人にもインタビュー調査（以下、個人調査）を実施し、ＬＧＢＴＱの人々の人間関係や活動等について訊いている。主な調査項目は、飲食店利用者の年代、居住形態、家族関係、職業、パートナー（同性パートナーシップ、同性婚）、挙児の希望、友人関係や地域社会との関係、社会活動、将来の希望や不安等である。

これらの調査から得られたデータを分析するにあたり使用したのは、森下直貴がシステム倫理学的な観点から考案したコミュニケーションの四類型である（森下 二〇二〇）。この四類型は、人間のもつ再帰能力（反省能力と言い換えてもいいだろう）を対物、対人のコミュニケーションとして捉え、そこから人間の再帰能力は四つのコミュニケーション領域を生み出す。森下のこの領域分割に（　）で具体的な活動領域を筆者が割り振り、作成したのが図１である。

最初に発生する対面コミュニケーションは、(A)「共感・同調の一致」（図右下）であり、(B)「生存・効用の一致」（図右上）、(C)「調整・妥協の一致」（図左上）、(D)「価値・理想の一致」（図左下）

の順に派生する。もっとも原初的な助け合いは親子、家族、友人等の身近な他者の助け合いであるから、これがAに分類され、これがさらに大きくなると、Aの関係よりももう少し疎遠な人たちとの実用的な関係——経済活動や組織的な福祉、ボランティア等——へと変化していくので、これがBに分類される。さらに、これらの様々な利害関係を持つB全体を調整、統合するものがCに分類される。以上、三領域全体を展望するものがDに分類される。[*7] この四類型にLGBTQにかかわる調査項目を筆者が分類したのが図2である。これにインタビュー調査対象者からの発言を分類することで、LGBTQの人間関係を含めた生活や活動全体を鳥瞰できる。さらに、現在のLGBTQの人々に欠けている活動も明らかにできる。

本調査で政治や法と関係のあるものは、LGBT関連法の制定、同性婚法、LGBTQの人々の支援や差別解放のような社会運動、挙児にかかわる活動があげられるだろう（稲垣 二〇二二b）。ここ

＊6　本調査は、稲垣（二〇二二）の研究の一部である。この調査は質的インタビュー調査であるから、LGBTQの全体像が量的にどうなっているのかを明らかにはできない。また、調査対象者にゲイの人たちが多く、このこともLGBTQの全体像を十分には捉えきれていないことの原因となっている。これについては、別の調査を待たねばならない。

＊7　森下は、カントのカテゴリーやヘーゲルの弁証法、パーソンズのAGIL図式の論理も四類型で説明する（森下 二〇二〇）が、アレントの活動もこれで説明できよう。労働はA、仕事はB、活動はC、観照はDに分類できる。『活動的生』では、労働、仕事、活動しか扱われていないが、晩年の講義録『精神の生活』では哲学が議論されている。この四類型からアレントの考える活動を見ると、B領域が人々の様々な対立が繰り広げられる場であると同時に人々の多様性が生み出される場でもあると考えられる。

(C) 調整・妥協の一致 (法・政治) 統合型 コミュニケーション	(B) 生存・効用の一致 (経済・医療) 実用型 コミュニケーション
超越型 コミュニケーション (将来像・理想・希望) (D) 価値・理想の一致	共助型 コミュニケーション (家族・友人・地域社会) (A) 共感・同調の一致

図1　相互的コミュニケーションシステムの四類型

(C) 調整・妥協の一致 (法・政治) ・LGBT法 ・同性パートナーシップ ・挙児関連法	(B) 生存・効用の一致 (経済・医療) ・仕事 ・民間の社会活動
・将来の希望 ・多様性の思想や倫理 (将来像・理想・希望) (D) 価値・理想の一致	・地域社会での活動 ・友人関係 ・パートナーシップ ・親子関係 (家族・友人・地域社会) (A) 共感・同調の一致

図2　四類型に分類した調査項目

では法的問題の一つである日本の同性間カップル間での挙児について取り上げよう。これを筆者が四類型にまとめたのが図3である。Aでは、LGBTQの多くが、将来、おひとり様もしくはカップルとの暮らしを選択し、さらに希少なカップルが挙児を求めているということが示されているのに対して、Bでは、こうした挙児を希望するカップルの望みをかなえてくれる医療組織等はないということが示されている。Cでは、LGBTQの社会活動家やセクシュアリティの研究者がLGBT法や同性婚の制定等を求めて活動しているが、おひとり様の社会保障や圧倒的に多いパートナーシップ制度を利用したくないカップル、挙児を希望するカップルという多様な人たちの望みを反映した社会運動とはなっていないので[*8]、上の図ではAとCにわたって対立の矢印が付いている。こうした多様な人々の家族像全体を展望するような将来像や理想を持っているというLGBTQの人々は本調査ではいなかったので、Dが空集合になっている。飲食店調査でも子どもが欲しいというLGBTQはいるという声は聞かれたが、その数はかなり少なく、挙児希望も現実的な――不妊治療を受けている異性愛者の人たちが持つような――レベルで抱かれてはいない。また、個人調査でも理由は様々ではあるが、挙児は望まないという人たちが圧倒的多数であった。

挙児の希望とセットで考えなければならないのは、同性パートナーシップ制度についてである。本調査の段階では二〇二三年ほど同性パートナーシップ制度を導入している自治体はかなり少なかった[*9]

＊8　LGBTQの挙児についての活動は、こどまっぷという組織が精力的に行っている。これと同じ活動を行っている他の組織については聞かない（参考：一般社団法人『こどまっぷ』HP　https://kodomap.org/）。

＊9　同性パートナーシップ制度を導入した自治体は、二〇二三年末で二七八区市町村であり、本制度の人口普及率

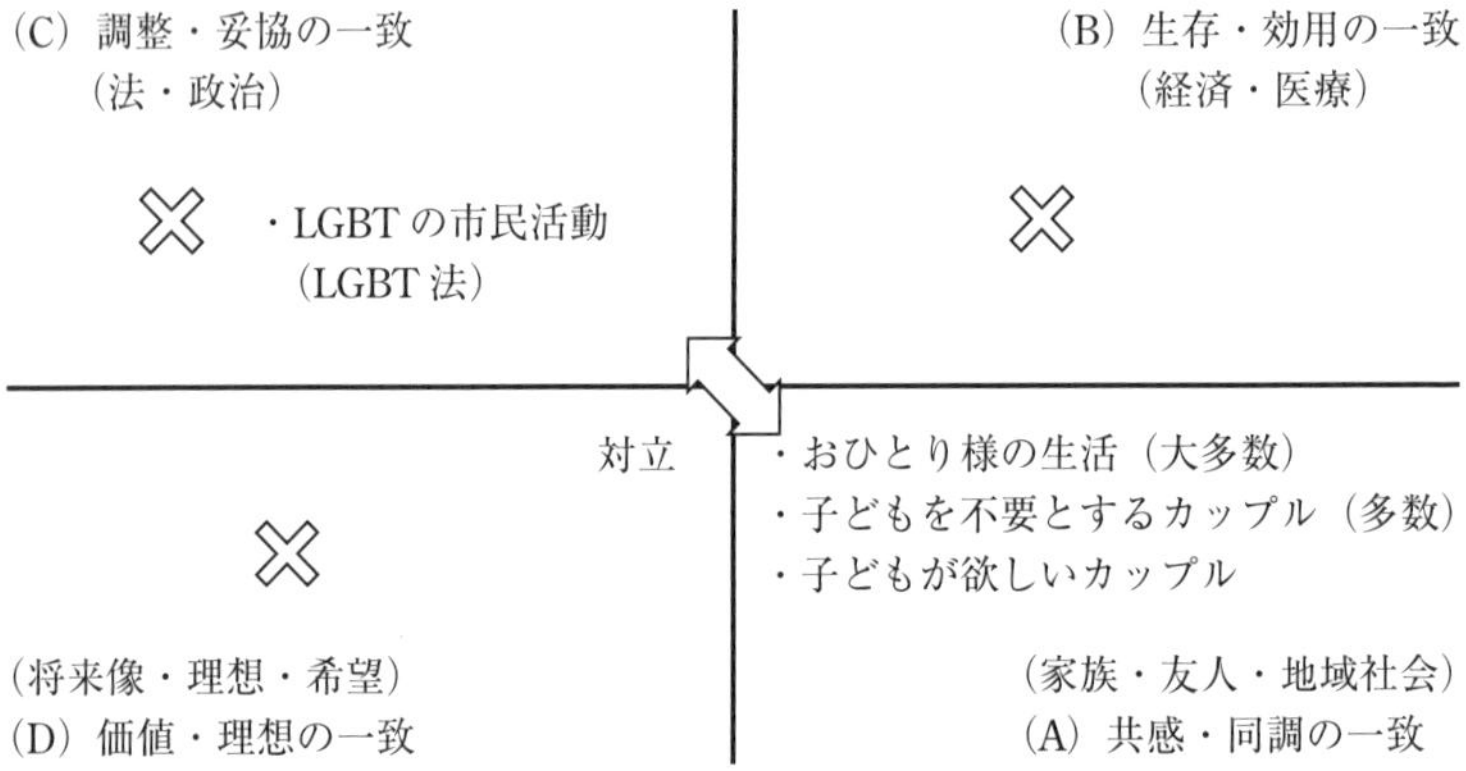

図３　同性カップル間挙児をめぐる人間対立

飲食店・個人調査の双方でも、この制度を使ってみたいというＬＧＢＴＱの人々はほとんどいなかった。もちろん、この制度を利用している人が本調査対象者外にひとりもいないのではないし、この制度が導入されてから間もないから、これらを使っている人たちが調査対象者にはいないということは考慮に入れる必要はある。しかし、個人調査で出てきたのは、この制度を使うことによって自分たちにどんなメリットや不都合があるのかがわからない、ということだった。つまり、制度の施行以前にこの制度への懸念があるということである。しかも、ＬＧＢＴＱの人々にはおひとり様が多いのだから、同性パートナーシップ制度といった政治的な関心がＬＧＢＴＱの人々にとって薄いのは当然の結果とも考えられる。

　同性パートナーシップ制度以外でのＬＧＢＴＱの社会活動については、飲食店調査では「お店でやっている活動」、個人調査では「将来の希望や不安」という項目でＬＧＢＴＱの人々の声を聞くことができた（稲垣二〇二二b）。ＬＧＢＴＱにかかわる社会活動を遂行する店舗や、その拠点となっているものはほとんどなかった。社会活動に参加している店舗でも、ＨＩＶ感染予防の啓発や社会活動の宣伝や参加――これらはＬＧＢＴＱの中でも少数の社会活動家からの依頼によると考えられる――に限られ、飲食店側からの自発的な社会活動が行われているのではない。個人調査の対象者には社会活動に参加する人もいたが、その活動を将来にわたってするつもりはないという人ばかりであり、セクシュアリティ差別をめぐる社会運動へのＬＧＢＴＱの人々の関心はきわめて薄いと考えられる。しかも、彼らが抱く将来への不安は、ＬＧＢＴＱ差別からの解放、同性婚、挙児といった問題ではなく、もっぱら親の介護、自分自身の老後の介護といった医療福祉の問題なのである。おひとり様が多いのだから、こうした不安の解消なり、介護システムの充実がＬＧＢＴＱの社会運動に直結すればいいのだが、この問題に取り組んでいるＬＧＢＴＱの社会運動家等についてはあまり聞かない。[*10]

ＬＧＢＴＱの人々は、自分のセクシュアリティを職場や地域社会では明かさず、依然、非ＬＧＢＴＱのふりをして同じセクシュアリティの人とのみ友人関係等の人間関係を隠れて取り結んで生活しているのだろうか。本調査ではそれとは別のＬＧＢＴＱの人々の性の多様性へと向けた動きも見られた（稲垣　二〇二三b）。たしかに同じセクシュアリティの友人ができると、そちらのほうが気心が知れているので、これまで友人だった異性愛者の人とは縁が薄くなるという傾向はある、とＬＧＢＴＱの

も六八・四％に上る。その中で、ファミリーシップ制度を持つ自治体も少なくない。

＊10　ＬＧＢＴＱ向けの介護福祉は東京と大阪で展開されている。これらの組織は、将来的には、ＬＧＢＴＱに限定されない介護へと手を広げたいと言っている。こうしたところにも性の多様な生き方を垣間見ることができる（稲垣　二〇二二）。

飲食店の従業員は述べていた。しかし、異なったセクシュアリティ――例えば、ゲイと女性異性愛者――の間で友人関係を結ぶというケースもよく見られると、飲食店の従業員は言う。これは個人調査でも同様で、同じセクシュアリティの友人が多いと答えている人が多かったが、それでも異なったセクシュアリティの人々との多様なつき合いをLGBTQの人々は持っていた。この友人関係は、お互いのセクシュアリティについて知っている間柄である。異なったセクシュアリティの間でお互いのセクシュアリティについて知り合うためには「カミングアウト」が必要となるが、すべての友人にではないがカミングアウトしている人たちがこの調査ではかなりいた。中には職場の人たちにもカミングアウトし、そこで友人を作っているというケースもある。LGBTQの人々が依然として職場で肩身の狭い思いをしているということは看過してはならないが、LGBT法の制定とは関係なく性の多様性へ向けた新たな動きがあるということを、LGBTQ差別を過大評価することによって過小評価すべきではない。アレントは私的領域を多様性の広がる場として考えていたが、筆者の調査は性の多様性の広がる場が政治領域では必ずしもないということをまさしく示していよう。だからこそ、LGBTQの政治運動に対して冷ややかなLGBTQも多いのは不自然なことではあるまい。

6　近代的主体の形成とその裏側

私的領域においてLGBTQの人たちが性の多様な関係を取り結びつつあるとはいえ、LGBTQの人たちが依然、差別にさらされており、それに苦悩しながら生き抜いているというのはもちろん否定できない。これらの原因や背景となるものは社会制度や暗黙に男性異性愛者中心と見なされた社会の仕組みであるということは、多くの研究者が指摘することでもあり、これらを政治によって変えるのは必要不可欠である。LGBT法の制定は政治運動の成果の一つであろう。

では、LGBTQへの差別がどのように形成されてきたのだろうか。フーコーの考古学・系譜学的研究で確認してみることにしたい。

フーコーは、『性の歴史』第I巻『知への意思』において「性の抑圧仮説」が誤りではないのか、という問いから出発する。性の抑圧仮説とは、セクシュアリティは人間の生の本質的な特質であるにもかかわらず、一七世紀以降、禁じられるものとなり、それらについての言説すら消えてしまったという説である（スパーゴ 二〇〇四）。しかし、一九世紀にはそれ以前に残された性に関するおびただしい言説（これの集合体が、フーコーが考察対象とするアーカイブつまり資料）があったと考え、それを系譜学的にフーコーは辿るのである。フーコーは、一九六五年に刊行された『狂気の歴史』で性的禁忌の歴史について書かねばならないということを論じていたので（慎改 二〇一九）、『性の歴史』ではそれの結実と考えられる。したがって、『狂気の歴史』『臨床医学の誕生』『監獄の誕生』での権力と知によって周縁化された人々についての言説やアーカイブの考古学・系譜学的な考察が『性の歴史』を準備してくれている。そこで、これらの三つの著作がどんな成果を出したのかをまずは簡単に辿っておこうと思う。

●理性による狂気の周縁化──『狂気の歴史』

『狂気の歴史』では、デカルト以降、人間の尺度（modus）としてたてられた人間主体の陰に隠れたものをフーコーは明るみに出そうとする。デカルトは方法的懐疑を通じてコギトを立て、コギトならざるものを排除するのだが、この契機を監禁施設の創設のうちにフーコーは見ようとする。

フーコーによれば、一七世紀以前には狂気は共同体全体の問題とは特にはならなかったが、一七世紀の中ごろに当時形成されつつあった資本主義社会にとって邪魔者となる人たち──例えば、働かない人等──という基準がたてられ、これに合う人たちが監禁されていった。ところが、一八世紀になると狂人だけが家族や社会に迷惑をかけるものとして監禁されるように施設が変化していく。つまり、狂人は人間の心が混乱した非倫理的な状態として捉えられるようになる。こうして、知と権力が彼らを抑圧することで尺度的な人間主体を支えることになる（フーコー　一九七五）。

●身体の表面は身体の裏面を構成する──『臨床医学の誕生』

フーコーは、『狂気の歴史』の手法が理性の言葉によって狂気について語ることにならないか、と捉え返す。つまり、このやり方では語り手であるフーコー自らをデカルトのように理性の側へと立てて狂気について語ることになり、自らを棚上げすることになってしまう。そこでフーコーは視点を変えて、いわば超越論的な視点から系譜学的な視点へとシフトするのである。

フーコーは狂気からはいったん距離を置き、一八世紀の近代医学に目を転ずる。これは、理性の立ち位置からではなく、理性の裏側に身を寄せ語るための論理を見つける探求であったと考えられる。

『臨床医学の誕生』では、臨床医学が誕生する前まで死は、生と病に絶対的な終わりをもたらすものと考えられており、遺体の痕跡が死によるものなのか病によるものなのかを区別することはできなかった。しかし、臨床医学つまり解剖学的作業が医学に導入されることによって、身体の中に病巣があり、死は病巣が徐々に重篤化することで経時的に訪れるものと考えられるようになった。つまり、医師の目線が身体の表面から身体の内部へと移行したのである。医学上のこの目線の変化は、フーコーに、裏面に支えられて表面が構成されるのではなく、表面によって裏面のほうが構成されるという目線をもたらすことになる（フーコー 一九六九）。

●規律権力は規律するものをも規律する――『監獄の誕生』

これと同様の目線は『監獄の誕生』でも維持される。フーコーによれば、一六世紀までは法律違反者は君主への反逆者と見なされ、刑罰とは君主が受けたよりも大きな損害を受刑者に与えることで君主の絶対的な力を人々に見せつけることであった。ところが、一七世紀から一八世紀にかけて人々全体を監視することによって人々を躾けるというタイプの権力、「規律権力」が広がっていく。この権力は、受刑者を監獄に閉じ込めるということを生み出していくことになる。そして、監獄での監視と矯正のシステムが近代に入り社会全体へと広がりを見せる。[*11] 規律権力は従順かつ有用な個人を作り上

*11 ベンサムはパノプティコンによって受刑者自身によって自分をコントロールできるように受刑者を矯正しようと考えたが、この矯正された受刑者と同じであるのは、カントの言う道徳法則に従う主体である。フーコーによれば、主体（sujet）とは自ら規律に服従するものである。つまり、主体は規律によって作られるのである。

げるために、「非行者」に分類された人を監獄で「ある程度自由を与えるべき人」「被拘束力を強化されねばならない人」「排除し無力化すべき人」「何らかの有用性を見出して利用されるべき人」に分別し、その知を増幅させ、彼らを管理するのである。フーコーによれば、監獄の役割は、非行者を矯正することではなく、権力と知の結びつきを強固にすることにある。人々の支配を強化する仕組みの維持のために非行者は必要不可欠なのである。したがって、監獄では矯正は成功しないほうがよい。同様の仕組みは個人の中でも生じる。パノプティコンで躾けられる受刑者は、自らの身体の内なる魂が魂自身とそこから引き起こされる言動を監視し、コントロールすることを身に着けるのである。まさしく魂は身体の牢獄に監禁されている（フーコー 一九八六a）。

これらの三つの著作からは、超越論的な考古学の視点から魂の系譜学の視点への変遷と捉えられ、フーコーには近代的人間が新しい権力関係のメカニズムによって生じたのではないかという問題意識が続いていたのだろうと考えられる（慎改 二〇一九）。『狂気の歴史』『臨床医学の誕生』『監獄の誕生』のいずれにも共通して言えるのは、表面にあるもの（『狂気の歴史』であれば主体、『臨床医学の誕生』であれば目に見える身体、『監獄の誕生』であれば、権力）は、裏側にあるもの（『狂気の歴史』であれば狂人、『臨床医学の誕生』であれば病因、『監獄の誕生』であれば非行者）をうちに監禁することによって維持され、これによって知が増大していくということである。しかも、この知と権力との結びつきが、権力自らの維持のために狂人、精神病者、非行者を産出し続ける。

7　性のポリティクスの限界

このように捉えると社会運動家がしばしば考えるように差別／被差別の構図で差別を考えたくなるが、フーコーはこれにも反対論を展開する。

『性の歴史』第I巻『知への意思』はビクトリア朝の性の抑圧の検討から始まる。フーコーは、人々の性を抑圧しているキリスト教に目をつける。キリスト教の告解とは、自分の犯した罪を神（と言っても神父）に告白し、悔い改めることで罪から放免されるという儀式である。告解の重点が、一八世紀以降、自分が実際に犯した罪からその罪を引き起こしかねない動機や原因に移るとフーコーは言う。こうすることで、自分の性欲や快楽を言葉にするということが増加するのだという。このことは、権力が、支配／被支配の対立関係でとらえられないということを意味する（フーコー　一九八六b）。

これらの言説は性欲に関する知（身体や生命についての科学知）を生み出し、これが、政治や経済の言説とも接続される。こうして一九世紀以降、「魂の両性具有」としての「同性愛」が生み出されたとフーコーは言う。もちろん、同性と性交したり、同性の他者と何らかの性的なかかわりを持つ人は一九世紀以前にもいた。しかし、一九世紀になると権力という装置によって、彼らはホモセクシュアリティというアイデンティティへと編成された。ここでの権力は政治権力に見られるような特定の権力を持つ主体ではない。『監獄の誕生』では規律権力が論じられたが、規律を守らねばならない者は規律を課せられる囚人だけではなく、規律を囚人に課す看守や囚人を調べる医師等も同じである。したがって、ここでの権力は個々の権力関係を編成する言説と制度（施設）のネットワーク配置のことをさす。これらの装置によってセクシュアリティの言説が編成されたのである。これによって同性愛者が編成されるのであれば、尺度的なセクシュアリティの所有者（非同性愛者）もまた同時に編成されるということを意味しよう。こうして人々は、身体の内部にセクシュアリティを持つと同時に権力に服従する主体として構成されていったとフーコーは考える（フーコー 一九八六b）。

私の身体は他者の身体とは異なっており、両者は同化しないということが、私と他者の区別の一部を作っているのは間違いないだろう。性は身体の一部であり、他者と触れ合う接面である。身体が個別的なものであれば、身体と身体の触れ合いもまた個別的なものであるはずであり、こうしたかかわり合いは公共的（政治的）な次元にはそれ自体なく、むしろ、私的な次元にある。にもかかわらず性が権力というネットワーク的な装置の具にされたいきさつをフーコーは『性の歴史』で示していると思われる。こうしたフーコーの知見に従うのならば、現在でも一見すれば、ＬＧＢＴＱの人々は抑圧され不可視化されているように見えるが、むしろＬＧＢＴＱにかかわる言説は増加の一途をたどっていると見なさねばなるまい。セクシュアリティの問題と言えば、ゲイやレズビアンのそれから始まり、トランスジェンダーのそれがくわわり、さらにＱジェンダーが登場し、今やゲイやレズビアンに比べて多様性が豊かなＱジェンダーすらもさらにその内部で多様化・差異化されている。ＳＮＳというメディアは、匿名で性欲の知を増やし、アーカイブ化させるのである。これらをこぞって研究者が解明し、その知を増幅させる。しかも、この知はいわばＬＧＢＴＱの真理として非ＬＧＢＴＱの人たちに「正しく理解」するように法が人々に義務づけているのだから、性のポリティクスは、まさしくフーコーが『性の歴史』を刊行し始めた一九七〇年から少しも変化していない。知と権力の共犯関係は今こそ強化されているのかもしれない。

LGBT法が対象としているのはおそらくLGBTQの人々であり、この法は「非LGBTの人たちと異性愛者のようなLGBT」を尺度化するだろうが、これらの人たちから外れる多様な人々をさらに生み出していく。まさしく、法の外で人々は多様化するのである。もしもそうなら、性の多様性の共生という性のポリティクスの目標は耳障りのいい叶わぬ夢なのだろうか。もしもそうなら、LGBT法や同性婚法といった政治的課題を実現するための政治活動も無駄ということになる。

叶わぬ夢であろうともそれが無駄でないとすれば、こうした政治課題を実現するための性のポリティクスをどこに位置づけるべきか。アレントやフーコーの知見にしたがうのなら、本来、私的な領域にあるべき性が公共化されたのである。しかも、性が個人の内なるものと見なされ（セクシュアリティの集合アイデンティティ化）、人々を非対称に分類する知によって性差別が生み出されたのである。もしもそうなら、性のポリティクスの課題は、公共化された性をもとの位置にある私的領域へと返してあげることにほかならない。そのために、政治は、ジェンダーやセクシュアリティの差異にかかわらず、法によって性的自由や平等（反差別）を定めるのである。性のポリティクスは、政治制度にかかわるのだから、性の多様性の方へ向かうのではなく、セクシュアリティの無差別という方へ向かう。というのは、法の下での平等が法の大原則である限り、法が適用される人々に差異は許されないからである。ここまでが、性のポリティクスができることの限界である。

8　性の多様性の実践

性のポリティクスは、「差別 対 被差別」という構図で、それぞれのアイデンティティを構成するが、フーコーによれば、権力はそのような対立構図にはなく、複雑な支配・被支配の関係の中にある。権力は密に張り巡らされているとしても、それが複雑であるがゆえに抵抗のための隙間がある。この隙間で多様性が生み出される。もしもそうなら、権力の維持や強化のために使われている同じ言説を使い、支配からの解放をその都度、実現できるのかもしれない[*12]。人々が多様化され続ける限り、性のポリティクスの戦いに終着点はない。しかし、西欧諸国では、LGBT法や同性婚、同性カップルの挙児に関する法等がすでに施行されており、性のポリティクスの大きな目標はすでに実現している。日本でも、同性婚が法律上認められ、同性カップルが挙児できる日がここ数年で来るとは到底思えないが、五〇年、一〇〇年先には来るのかもしれない。ここで性のポリティクスはひとまず大きな役割を終えるとしても、人々が自分にしかできない個性的な生き方を選び取り、この各人の生き方が他者に何を及ぼし、人々がそれに対してどう応答して生きていくのかという問いは、将来さらに人々に突き付けられるように思う。

9　おわりに――パートナーは喪失した私を取り戻してくれるのか？

フーコーは、『性の歴史』第Ⅱ巻『快楽の活用』で古代の性関係について論じている。フーコーによると、自由人の女性は家長である夫に従属し、子どもを産み育てるという責務を果たせば、それでよく、家長たる男性はそうした女性を支配すればよかった。それ以外は、男性は性的に自由だった。とはいえ、男性が性的に放埒にふるまうことが許されていたのではなく、節制は求められた。この節制は禁じられていない快楽（同性に対する性欲もこれに含まれる）をコントロールして自分磨きをすることを指す。これを仲正昌樹は「自己を積極的に磨き上げる倫理」（仲正 二〇二〇）と呼んでいる。ここでいう「倫理」とは道徳のことを指すのではなく、ギリシア語の$\acute{\varepsilon}\theta o\varsigma$という語の意味に含まれている「使い方」のことである。したがって、「自己を積極的に磨き上げる倫理」とは快楽をうまくコントロールして自分をいかにして徳のあるものにするのか、ということを指す。古代ギリシアの少年愛は年長者と少年との間で育まれ、年長者のほうは人間形成が完成されていなければならない。少年はこれを完成させていないので、能動的な年長者と受動的な少年の間では愛が成立する。この愛は人間の完成や哲学的実践――例えば、ソクラテスとアルキビアデスの実践――を目指す愛な

＊12　慎改は、同性愛が性的倒錯とされたという歴史を踏まえて、同性愛は性的倒錯という病的なものなのに、なぜ断罪や軽視をされねばならないのかというように、同性愛そのもののマイナスの価値をプラスに転換するということを指摘している（慎改 二〇一九）。

のである。したがって、年長者のほうはそれなりの徳の高さが求められた。しかし、この愛は少年が大人になれば、少年が能動的になるので、必然的に終わる。年長者の節制や彼の持つ高い徳性は、何らかの法的な規範が予めあってそれに従うということを意味せず、自発的能動的に徳のある行動をとれるような特性を身に着けているということを指す。このことを慎改康之は「自由な成人男性が、欲望や快楽に打ち勝つことで自己を完璧に支配するとともに、他者に対して支配力を行使する力が自分に備わっているのを示すこと」（慎改 二〇一九）と言っている。これがフーコーの重視する「生存の美学」である（フーコー 一九八六c）。

この生存の美学で重要なのは、規範という権力にからめとられずに、他者からの強制から独立に徳のある——美しい——生き様を形成していくという点である。もちろん、古代ギリシアの自由人の男性は、奴隷、自由人の女性、少年を受動的な位置に置くから、セクシュアリティ平等を規範とする現代で真似ることはできない。したがって、古代ギリシアの「生存の美学」へ帰れ、というスローガンは到底受け入れられるものではない。しかし、将来の「生存の美学」を、性的自由・平等という規範の下で人々がそれぞれの仕方で自らの生き方を他者のそれと差異化し、相互に影響を与えながら、自分の生き様を模索していくことと考えるのならば、これこそがポスト・性のポリティクスであり、「多様性の実践」やそれの思想である「多様性の哲学」ではないか。

その芽はすでに出ており、クィア理論はその一つであろうと考えられる。[*13] タムシン・スパーゴは、一九六〇年代までは「同性愛」という語は、医学や法律の言説の中で否定的な意味合いで使われていたにすぎないが、一九六〇年代になると同性愛者自身が自らを「レズビアン」「ゲイ」と肯定的に規定するようになり、一九七〇年代になって同性愛者を抑圧する社会機構が問題にされるようになったと言う（スパーゴ 二〇〇四）。こうした流れで、レズビアンやゲイが権利を求めるようになった。これらの同性愛者たちがけん引した権利運動は「肯定的で上昇志向の世界」観を持っており、これに合わない同性愛者たちとの間に対立が生まれるようになる（スパーゴ 二〇〇四）。こうして同性愛者の権利運動の中に亀裂が生じ、人々は多様化していった。このことをスパーゴは「集合的アイデンティティの理念そのものが内部の亀裂によって瓦解しつつある」（スパーゴ 二〇〇四）と言っている。対立を孕む同性愛者に衝撃を与えたのは、同性愛者に流行したエイズである。ＨＩＶ感染の流行はゲイの病気という一般的言説を流布させ、同性愛嫌悪を強化し、同性愛者内部でのエイズ患者差別も生み出した（スパーゴ 二〇〇四）。しかし、ＨＩＶ差別と闘うためにセクシュアリティを超えて連携する人たちも現れた（スパーゴ 二〇〇四）。こうしたことが、特定の形を持つ「ゲイ」や「レズビアン」を不適格なあるいは限定的なアイデンティティとみる人は、「クィア」という語の中に自分が同化できる位置を見つけた」（スパーゴ 二〇〇四）とスパーゴは言っている。これがクィア理論である。

このクィア理論に影響を及ぼしたのがフーコーである。ミシェル・フーコーは同性愛運動の政治目標について「性の選択の自由という問題は優先的に考慮されるべきだということ」「同性愛運動の目標は、ある社会において、性の選択や、性行動や、個々の人間の性的関係の効果が、個人のうちに占める場の問いを立てるかもしれないということ」「同性愛者同士の結婚に関する立法が目標であるべ

＊13 筆者はクィア理論に全面的に賛成する立場はとらない。詳細は稲垣（二〇一八）を参照。

きだと言っているのではありません、むしろ、ここでは個々の人間の多様な関係のあり方の――所与の社会的・法的枠組みにおける――組み入れと認知に関する一連の問いに直面しているということ、そしてわれわれは、そうした問いを問わねばならないということを言いたいのです」（フーコー　一九八七）と述べている。ここでフーコーが言いたいのは、同性愛運動は同性婚の立法といった政治的な目標の実現にあるのではなく、性の選択の自由が政治によって制限されてはならない、ということである。

もちろん、このように言うと、性暴力を犯す人の自由も認めるのか、という話に取られかねないが、もちろんそうではない。フーコーが言いたいのは、同性愛者が性的逸脱者や危険人物と見なされ、職業の選択等の自由が制限されてはならない、と述べているのである。ということは、何人も性的選択の自由――これには同性婚も含まれるのだが――を権利上、持たねばならないということは、当然だということになる。したがって、フーコーの考えからすれば、ＬＧＢＴ法の制定や同性婚制度の制定、職業選択の自由の保障といったことがＬＧＢＴＱの人たちに認められるのは大前提であっても、このことが直ちに自己を磨き上げる倫理にはならないということになる。このことは、「「ゲイ」であるとは、私が思うに、同性愛者の心理的特徴や、目につく外見に自己同一化することではなく、ある生の様式を求め、展開することなのです」（フーコー　一九八七）というフーコーの発言からも読み取れよう。フーコーの言う「「ゲイ」である」とは、例えば、短髪・髭といった一部のゲイの人たちがしているファッションを真似て、ゲイのアイデンティティと思われているモデルのようなものに自分を同化させることを意味せず、むしろ、既存の人間関係にはない多様な人間関係を創造していくということを指している。これについて、フーコーは、「社会階級、職業の違い、文化的水準によるのではないもう一つの多様化、関係の形態でもあるような多様化」（フーコー 一九八七）と呼び、これらが「文化、そして倫理をもたらすことができる」（フーコー 一九八七）とすら言うのである。

現代では、こうした文化や倫理をもたらす手段としてITも加わると考えられる。SNSメディアの普及は新たな多様な関係を展開させ続けている。[*14] しかし、「自分らしく生きる」ということには、どんな形であれ他者からの批判にさらされることが伴う。新しい時代の性の多様な実践や哲学に必要な倫理は、何かを他者に向けて発信・発言し、自分らしい生き方を貫く「勇気」、批判に耐えうるだけの生き抜く力を持ち続けるための「忍耐力」と「寛容さ」、勇気ある多様な人たちが生き抜くための支えとなる新しい「友愛」と「希望」なのかもしれない。しかも、自分らしい生き方を貫く人たちが複数いるということがポリティクスそのものの存在根拠ともなるのである。

それでは、「多様性の実践」とその哲学にはプラトンのイデアやヘーゲルの絶対知のように終着点はあるのだろうか。慎改はフーコーの哲学について「自分自身に安住するよりも、危険を冒して変化し続けようとするものであり、自分自身が真理と結ばれるやり方を絶えず問い直すものだ」（慎改 二〇一九）と評している。もっともフーコーを将来生ずる多様性の哲学の創始者に祭り上げ、彼のした

＊14 こうした流れは、非LGBTQにもあるはずで、例えば、男性異性愛者が、婚姻性規範に反しておひとり様という生き方を選択するというのも、既存の性規範に属しながら、それに抵抗して生きるクィアな生き方である。また、性交痛患者にも規範への抵抗は見られる（水野 二〇二二）。

ことの後を追うというのは、多様性の実践でもその哲学でもあるまい。[*15] しかし、人々が自分のやり方で――フーコーとは異なった仕方で――自分自身が言説や真理と結ばれるやり方を問い直すということは「多様性の実践」「多様性の哲学」の必要不可欠な要件であろう。哲学は黄昏に飛ぶミネルヴァの梟である。哲学は、過去へと性のありようを考古学・系譜学的に辿ることができても、未来を予言することはできない。どのような性の多様性の実践や哲学が登場するのかについては、現代のわれわれは将来の人たちに任せ、沈黙せねばならない。

＊　＊　＊

【読書ガイド】

・杉山麻里子『ルポ同性カップルと子どもたち――アメリカ「ゲイビーブーム」を追う』岩波書店、二〇一六年〔解題〕海外では、多くのＬＧカップルが生殖補助技術を使用して、子どもを設けている。本書は、海外のＬＧカップルが子どもを持つための制度、思い、子どもを持つことの意味についてレポートされている。

・Label X編『Xジェンダーって何？――日本における多様な性のあり方』緑風出版、二〇一六年〔解題〕Ｘ（Ｑ）ジェンダーの存在は近年知られるようになったジェンダーである。本書は、Ｘジェンダーがどのようなジェンダーなのか、Ｘジェンダーの人たちがどういう思いを持っているのかを明らかにし、他者との多様な関係をどのように築くのかという問いを考えさせてくれる。

・河口和也『クイア・スタディーズ』岩波書店、二〇〇三年〔解題〕クイアという概念は多様な生き方を考えるうえで重要な概念であるが、難解な概念である。本書はこの概念が生まれてきた歴史にまで遡り、その議論や問題構制を明らかにしながら、クイアを究明する。また、多様な家族のあり方もわかりやすく示唆している。

＊15　フーコーの生存の美学は、西洋の伝統と思想の延長上にある美学と考えねばならない。わが国の性の多様性の実践を考えるのなら、フーコーが『性の歴史』で展開したような日本版の性の歴史の探求が必要だし、この歴史の延長上で美学を考えないといけない。

責任編者解題

本書は四つの章から構成されているが、それらを合作としてストーリー仕立てにすると、本書カバーの表袖にある通り、以下のようになる。

ボーヴォワールが『第二の性』で新しい概念の登場を予感させて以降、二〇世紀の哲学はジェンダー論の展開・受容に大きく舵を切った。だがなお、私たちの認識にはジェンダーをめぐる不正義があり、学問にも性差別が残っている。こうした問題は思想・実践の力によって少しずつ解決されてはいるものの、二〇世紀には表在していなかったＬＧＢＴＱという観点によって、よりいっそう複雑化している。性の多様性に対して哲学は何を言えるのか。これは二一世紀の重要な問いのひとつである。

ここでは、各章を責任編者なりのパースペクティブで要約しながらその内容を振り返ることで、解題としたい。

小手川正二郎氏による第1章「ジェンダーが問い直す哲学――「尊重しあう愛」は可能か」は、未来世界のために〈ジェンダーを哲学する〉ことに取り組むものである。つまり「ジェンダー」にまつわる様々な概念をより正確に定義し直し、生産的な仕方で議論を積み重ねていくための土台を提供する」（本書：三～四頁）ことを狙いとしている。その際に小手川氏がお手本とするのがシモーヌ・ド・ボーヴォワールの『第二の性』（原著一九四九年）である。ボーヴォワールの思索は、日常的な意味での「女性」が生物学的な意味での「女」（雌）と異なる意味で使われていることへの着目からスタートする。すでに「女」として生まれているにもかかわらず、「女性」らしく生きることを求められるのはなぜなのか。そして『第二の性』というタイトルにもある「性」は「状況づけられたもの」であり、広い意味での「身体」と切り離せないものである。それは習慣による身体的様式や所作における現れ、つまり私たちによって「生きられている「性」」なのである。こうした現象学的なボーヴォワール解釈は小手川氏の面目躍如であると言えるだろう。

次いで小手川氏は、ボーヴォワールが今でこそ「ジェンダー」と呼ばれているこの観点から、従前の哲学のあり方を問い直したことも指摘する。ボーヴォワールの時代の社会では、男性が標準とされ、女性は逸脱とされた。驕った男性は自らの思想を「人間」のものとして示し、萎縮した女性は自らの思想を「女性」のものとして示した。このジェンダーの観点から見ると、哲学の男性中心性による狭隘さや排他性が浮かび上がる。本章で小手川氏は、哲学においてそのように偏った捉え方をされてきた主題として、つまり私たちが問い直すべき主題として、特に「身体」と「愛」を取り上げる。

まず「身体」については、どのような振る舞い方が「女らしい」あるいは「男らしい」かは個人が自分で決定できるものではなく、社会的・文化的なジェンダー規範となっていることが確認される。さらに小手川氏は、アイリス・マリオン・ヤングにならって、ジェンダー規範を受け入れない女性であってもなお「女性」として見られることを意識する中で、自分の身体を鑑賞されるモノとして見るようになるということも指摘する。従前の哲学はその偏ったジェンダー観のため、女性の主体性にかかわる問題に取り組めなかったのである。

どうすれば女性は自分の身体に対する主体性を取り戻せるのか。小手川氏は、男性に見られるためではなく自分のために身体や衣服と関係を結ぶというヤングの論考をここでも参考にした上で、「愛」の考察に移る。そうして取り上げられるのがベル・フックスの『オール・アバウト・ラブ』（原著二〇〇〇年）であり、「尊重しあう愛」という理念である。他者と尊重しあうためには自分への愛も必要であるが、人はジェンダー規範に囚われてしまうと、自分を愛することから遠ざかってしまう。ならば、あるがままの他者を尊重しつつ愛することで、自分の思考や価値観を問い直し自分を変容させ、自分を愛し自分の身体に対する主体性を取り戻せるのではないか。これこそが、ホモソーシャルな世界から抜け出せない男性と、そうした男性によって形成されてきた哲学それじたいにも、必要とされる愛なのである。

このように小手川氏による本書の導入章は、ジェンダーを単なる「教養」のための知識として解説するものではなく、哲学そのものを変容させる「観点」として捉えることで、哲学と人間の未来へ向けた豊かな指針（愛）を示していると同時に、哲学の本質を知への愛による自己の変容に見いだすものとなっている。

佐藤邦政氏による第2章「**ジェンダーをめぐる認識的不正義——マスメディアの企業風土と組織の証言的不正義**」は、分析哲学的手法を用いて、マスメディア企業がなしているジェンダー不正義に切り込むものである。佐藤氏によれば、市民が「真理や知識」を獲得する上でマスメディアが果たす役割は小さくないが、メディア論などでつとに指摘されてきたように、マスメディア企業には「男性中心の偏ったジェンダー企業風土」（本書：五〇頁）がある。日本のマスメディアで働く女性従業員の割合は低く、約二割かそれ以下であり、幹部レベルになるとその割合はさらに低まる。そのため事件報道などでも、社会的・伝統的なジェンダー規範が投影されてしまい、例えば子どもに不幸があったり子どもが事件を起こした場合には「母親」が非難されることが多い。

マスメディア企業がなしている不正義を認識的不正義として位置づけるところに、佐藤氏の洞察力がある。認識的不正義は、佐藤氏が飯塚理恵氏とともに翻訳を手がけたミランダ・フリッカーの『認識的不正義　権力は知ることの倫理にいかに関わるのか』（原著二〇〇七年）が析出した不正義の形態である。フリッカーは認識的不正義として証言的不正義と解釈的不正義の二種類を提示したが、本章で佐藤氏は証言的不正義の方に、つまり「情報提供者の社会的アイデンティティに対する偏見のせいで、その人の証言が不当に無視されたり、過小評価されたりする不正義」（本書：四九頁）の方に着目する。情報提供者は「話し手」のことであり、「証言」は発話された内容のことであるから、証言的不正義は日常的に生じうる。話を聞いてもらえなかったり、信じてもらえなかったという経験は、誰にでもあるだろう。しかし、話し手の社会的アイデンティティに対する偏見からその人の話を無視したり、その人の発話内容を矮小化することは、その人を認識主体として貶めるだけではなく、特定の社会集団のメンバーとして侮辱することでもある。したがって、そのような扱いを受けたならば、私たちは怒らなければならないし、異議申し立てをしなければならないのだ。

さて佐藤氏によれば、マスメディア企業は組織内に浸透した偏ったジェンダー企業風土のせいで、取材先の女性やその取材班を情報提供者として不当に扱うという証言的不正義を犯している。フリッカーの議論では証言的不正義の加害者は個人であることが前提とされているため、本章で示される「組織の証言的不正義」という概念は佐藤氏のオリジナルである。さらに佐藤氏はその特徴として〈偏った組織風土テーゼ〉と〈悪質な組織的無知テーゼ〉を検討する。前者について佐藤氏は、フリッカーの「組織的エートス」という概念に依りながら、マスメディア企業がどのようにしてマッチョな企業理念のもと、集団的な判断や行為を行なっているかを説明している。後者については、マスメディア企業がその偏ったジェンダー企業風土のせいで、女性解放運動などの史実（真なる命題）についてさえ、情報提供者の証言を信じないといった無知を犯す場合を指摘している。

このように佐藤氏は、本章で二つのことを成し遂げている。一つは、マスメディア企業の偏ったジェンダー企業風土が生みだす不正義を証言的不正義として位置づけたこと。その不正義は、ジェンダーに偏りのある報道を繰り返し行うことを通じて、それを受け取る市民のジェンダーに関する判断を偏らせるという「発信型の証言的不正義」でもある。もう一つは、フリッカーの認識的不正義論を発展させて「組織の証言的不正義」という新しい概念を定義したこと。私たちはこれから、佐藤氏が示してくれたこの新しい概念を携えて、マスメディア企業以外の企業や、企業以外の様々な組織が行なっている証言的不正義に、広くアンテナを貼ってゆくことができるだろう。

では、「真理や知識」を提供する学問においてはどうだろうか。高松里江氏による第3章「**性差をめぐる科学研究の落とし穴——統計学をいかに使いこなすか**」は、「科学的な証明」を伴うとされる種類の学問においてでさえ、ジェンダー・ステレオタイプや男性を標準的な人間とみなすバイアスが、幅を利かせてきたことを明らかにしている。

髙松氏はまず、「女子は算数・数学が苦手である」というジェンダー・ステレオタイプを取り上げる。日本で行われた算数・数学の学力テストの男女比較では、スコアにおいて男女差はないか、あっても小さいことが確認されている。しかし、算数・数学に対する苦手意識は女子の方が高く、さらには「「算数・数学が苦手だ」というジェンダー・ステレオタイプがあると女子が感じている場合、そのジェンダー・ステレオタイプから外れることを懸念し高得点を避ける場合もある」（本書：九二頁）。本書の第1章に登場したアイリス・マリオン・ヤングであれば、ジェンダー構造が女性に「自分には算数・数学はできない」と思わせている、と言うかもしれない。発達心理学者のキャロル・ギリガンであれば、女性が高得点を避けるのは、「自分が抜きん出ることで誰かを傷つけてはならない」という気遣いからの自己犠牲」と言うかもしれない。いずれにしてもジェンダー・ステレオタイプは、これからキャリアを築いてゆく若い世代の女性に対して、その可能性を挫くという負の影響力を及ぼしていると言えるだろう。

科学研究においてはどうだろうか。それは本来、男性中心性から自由であるはずである。しかし髙松氏が指摘するように、科学研究は例えばかつての頭蓋計測学において顕著であったように、男性の優位性や女性の劣位性を科学的に証明しようとしてきた。性差を生得的で固定的なものとしようとしてきたのである。そこで行われてきたのが「性差研究」である。「性差」は「能力、性格、適性などにかかわる男女の差」（本書：九三頁）であり、性差研究ではそれらを研究する。そしてそこで「科学的で適切な判断」を提供するのが統計学である。すると統計学は、科学的な女性差別に手を貸していることになる。これは統計学の専門家でもある髙松氏にとって、とうてい看過できることではないのだろう。

そこで髙松氏は、統計学を用いた性差研究を世に多く送り出している心理学に目を向ける。「心理学では統計学を用いて、人間に関わるデータを整理し、また因果関係の特定を目指してきた」（本書：九四頁）のだが、髙松氏が特に憂慮するのは統計学の有意性検定の濫用である。というのも、心理学ではたとえ有意性が低くても性差はあるとする方が公表されやすいため、追試による再現性が乏しい研究が多くなってしまうからである。だが、再現性が乏しくなるだけではない。髙松氏によれば、「性差研究では誤った研究成果は差別につながる可能性があり、とりわけ重要な課題である」（本書：一〇〇頁）。

では、性差研究はこれからどうすればよいのか。髙松氏は「性差研究は、特定の属性の者の優位性を示すために用いるのではなく、不利な属性の者や支援が必要な者を可視化するために重要となる」（本書：一二二頁）として、性差研究を無用とはしない。ただし、性差研究がその重要性を発揮するためには、研究者が自らにも偏見がありうることを自覚し、差別を助長するような研究を慎む必要がある。

本章で髙松氏が行なったように、学問における男性中心性は見直されてゆかねばならない。そしてその見直しは文系と理系の垣根を越えたものであるべきだろう。髙松氏は、性差別のない未来世界へ向けた課題解決のツールとして、統計学にその可能性を見ている。それは「冷静な頭脳と温かい心」の持ち主だからこそそのパースペクティブであり、未来世界を哲学する私たちにも必要なパースペクティブである。

稲垣恵一氏による第4章「**LGBTQの人々が「自分らしく生きる」ということ——性のポリティクスから多様性の哲学へ**」は本書の中で唯一、「女性」ではなく「LGBTQ」の人々を主題として取り上げた章である。このことじたいが、二〇世紀の哲学がジェンダーという課題に比重を置いてきたことの証左であるだろう。だがそれは、セクシュアリティの課題の方が軽いということを意味しない。LGBTQという観点が二一世紀まで表在しなかったのは、いみじくも稲垣氏が章の副題に置いている「性のポリティクス」が哲学にあったからだと言えるだろう。性のポリティクスは「本当なら奥深くて自分ですらも捉えることのできない「自分」に固有の「アイデンティティ」を私の外側から形成し、各人が持つセクシュアリティの「集団アイデンティティ」も形成する」(本書：一二五頁)。セクシュアリティは人間の特徴の一つであるが、それが「私」と「他者」のかかわりの間に置かれているからこそ、ポリティクス(政治)の問題となる。そして誰かのセクシュアリティの否定は、権力の行使なのだ。

本章で稲垣氏はまず、LGBTQの人々の生きづらさと、それらの人々への不可視化された差別を取り上げる。そしてLGBTQの自殺者、自殺未遂者は多く、特にトランスジェンダーの人々の現状は過酷である。こうした記述によって私たちは、セクシュアリティの課題について自分はほとんど何も知らないこと気づかされる。

稲垣氏は次に、二〇二三年に交付・施行された「性的指向及びジェンダーアイデンティティの多様性に関する国民の理解の増進に関する法律」（LGBT法）が、どのように、そしてどの程度、LGBTQの人々に対して差別的な法律であるかを論じる。ここでの議論は本章の白眉の一つであり、日本の政治への期待をまた一つ打ち砕くものとなっている。私たちの社会はマジョリティと異なるセクシュアリティの人々に対して残酷であるが、そこにはLGBT法に無関心であったり、さらにはLGBTQの人々に偏見を抱いている自分がいるかもしれない。それは許されることではなさそうだ。

しかし稲垣氏は「ジェンダーレス制服」の事例を取り上げながら、差別が「観念」に止まっている場合には、つまり感情として抱かれている場合には、放っておいてよいと論じている。その際に参照されるのはハンナ・アレントの「リトル・ロックについて考える」（原著一九五九年）であり、『活動的生』（『人間の条件』とも、原著一九五八年）である。稲垣氏は、私的領域と政治（公共的）領域というアレントの区別にならい、観念が属する私的領域にまで法が介入することを拒絶しているのである。

なぜ私的領域に法が介入することは望ましくないのか。そこにはドイツでホロコーストを招いたような全体主義への警鐘があるが、稲垣氏が本章で取り上げるのは、私的領域における性の多様性の広がりである。LGBTQの人々を一つの集合的アイデンティティを持つ人々として括ることは難しい。挙児や同性パートナーシップ制度についての考えも様々である。稲垣氏は自身がLGBTQの人々に対して行なったインタヴュー調査から、コミュニティという私的領域における共助がLGBT

Qの人々の生活にとって重要であることを踏まえて、性の多様性を支え広げるという私的領域の可能性を重視しているのである。

最後に稲垣氏は、LGBTQの人々への差別の形成過程を、ミシェル・フーコーの様々な著作における思索の検討を通じて明らかにしようとしている。曰く、それは差別／被差別の構図で捉えられるものではない。なぜなら「個々の権力関係を編成する言説と制度（施設）のネットワーク配置」（本書：一五二頁）という権力により、人々が「身体の内部にセクシュアリティを持つと同時に権力に服従する主体として構成されれ」てしまい、本来は私的な次元にあったはずの身体と身体のかかわり合いが公共的（政治的）な次元の問題となっているからである。

そこで稲垣氏は、LGBTQの人々が自分らしく生きることができるように、「公共化された性をもとの位置にある私的領域へと返してあげる」（本書：一五三頁）ことを提案する。これこそが性のポリティクスの課題であるとして。稲垣氏の言葉を引用して、本章の解題を終えよう。

新しい時代の性の多様な実践や哲学に必要な倫理は、何かを他者に向けて発信・発言し、自分らしい生き方を貫く「勇気」、批判に耐えうるだけの生き抜く力を持ち続けるための「忍耐力」と「寛容さ」、勇気ある多様な人たちが生き抜くための支えとなる新しい「友愛」と「希望」なのかもしれない。（本書：一五九頁）

このように稲垣氏は、温かいエールを、私たちに送ってくれている。

以上が本書の各章の内容の振り返りである。これらの力作が協働して伝えているのは、人々がジェンダーやセクシュアリティを理由に抑圧されたり差別されるのは正しくないということであり、未来世界へ向けてこの状況を変えるためには、私たちには必要なものがたくさんあるということである。それはありのままの他者と自分の尊重しあう愛であり、認識的行為者としてのマスメディア企業の誠実さであり、研究者の偏見から自由な科学研究であり、性の多様性を支える私的領域の広がりと徳や仲間や希望である。これらは私たち一人ひとりが悩み迷いながら求めてゆくものであるが、その営みを他者とつないでくれるのは知への愛である。「ジェンダーとＬＧＢＴＱ」という課題の解決において欠かせないもの、それはやはり哲学である。

引用・参照文献

第1章

・池田喬、堀田義太郎『差別の哲学入門』アルパカ、二〇二一年
・イリガライ、リュス『ひとつではない女の性』棚沢直子、小野ゆり子、中嶋公子訳、勁草書房、一九八七年
・江原由美子『自己決定権とジェンダー』岩波書店、二〇〇二年
・オーキン、スーザン・モラー『政治思想のなかの女――その西洋的伝統』田林葉、重森臣広訳、晃洋書房、二〇一〇年
・大越愛子「ジェンダー化する哲学」大越愛子、志水紀代子編『ジェンダー化する哲学――フェミニズムからの認識論批判』昭和堂、一九九九年
・ガルシア、マノン『生まれつき男社会に服従する女はいない』横山安由美訳、みすず書房、二〇二三年
・神崎繁「フィリア・エロース・アガペー」『性／愛の哲学』（岩波講座　哲学12）岩波書店、二〇〇九年
・ギーザ、レイチェル『ボーイズ――男の子はなぜ「男らしく」育つのか』富田直子訳、Ｄｕ　Ｂｏｏｋｓ、二〇一九年
・北川東子「自分の身体（からだ）というテーマ――フェミニズムと身体文化論」大越愛子、志水紀代子編『ジェンダー化する哲学――フェミニズムからの認識論批判』昭和堂、一九九九年
・源河亨『愛とラブソングの哲学』光文社、二〇二三年
・小手川正二郎『現実を解きほぐすための哲学』トランスビュー、二〇二〇年
・小手川正二郎「フェミニズムと実存――ボーヴォワール『第二の性』を読み直すために」『実存思想論集』第38巻、二〇二三年
・西條玲奈「シス特権とトランス嫌悪言説の分析――ジェンダー帰属の通時的固定性とジェンダー規範批判」『メタフュシカ』第51号、二〇二〇年

・五月あかり「誰も好きになってはならない」『エトセトラ』第10号（特集「男性学」）二〇二三年
・ジェンキンズ、キャスリン「改良して包摂する――ジェンダー・アイデンティティと女性という概念」渡辺一暁訳『分析フェミニズム基本論文集』慶應義塾大学出版会、二〇二二年
・澁谷知美『日本の包茎――男の体の200年史』筑摩書房、二〇二一年
・周司あきら、高井ゆと里『トランスジェンダー入門』集英社、二〇二三年
・須長史生『ハゲを生きる――外見と男らしさの社会学』勁草書房、一九九九年
・高橋幸『フェミニズムはもういらない、と彼女は言うけれど――ポストフェミニズムと「女らしさ」のゆくえ』晃洋書房、二〇二〇年
・田嶋陽子『愛という名の支配』新潮社、二〇一九年
・田中美津『いのちの女たちへ――とり乱しウーマン・リブ論』新版、パンドラ、二〇一六年
・鶴田幸恵『性同一性障害のエスノグラフィー――性現象の社会学』ハーベスト社、二〇〇九年
・デカルト、ルネ『省察』山田弘明訳、筑摩書房、二〇〇六年
・デッカー、ジュリー・ソンドラ『見えない性的指向 アセクシュアルのすべて――誰にも性的魅力を感じない私たちについて』上田勢子訳、明石書店、二〇一九年
・中澤瞳「女の子らしい身振りとは何か？――身振りについてのフェミニスト現象学」稲原美苗、川崎唯史、中澤瞳、宮原優編『フェミニスト現象学入門』ナカニシヤ出版、二〇二〇年
・中澤瞳「「女の子みたいに投げる」をもう一度考える――「女らしさ」のフェミニスト現象学」稲原美苗、川崎唯史、中澤瞳、宮原優編『フェミニスト現象学――経験が響きあう場所へ』ナカニシヤ出版、二〇二三年
・ネグリン、ルウェリン「モーリス・メルロ＝ポンティ――ファッションの身体的経験」アニェス・ロカモラ＆アネケ・スメリク編著『ファッションと哲学――16人の思想家から学ぶファッション論入門』蘆田裕史監訳／安齋詩歩子ほか訳、フィルムアート社、二〇一八年
・バクストン、レベッカ＆ホワイティング、リサ編『哲学の女王たち――もうひとつの思想史入門』向井和美訳、晶文社、二〇二一年
・ハスランガー、サリー「抑圧――人種的抑圧およびその他の集団抑圧について」木下頌子、堀田義太郎訳『思想』

1169号、二〇二一年
・ハスランガー、サリー「ジェンダーと人種――ジェンダーと人種とは何か？ 私たちはそれらが何であってほしいのか？」木下頌子訳『分析フェミニズム基本論文集』慶應義塾大学出版会、二〇二二年
・ハッキング、イアン『何が社会的に構成されるのか』出口康夫、久米暁訳、岩波書店、二〇〇六年
・藤高和輝「パスの現象学――トランスジェンダーと「眼差し」の問題」稲原美苗、川崎唯史、中澤瞳、宮原優編『フェミニスト現象学――経験が響きあう場所へ』ナカニシヤ出版、二〇二三年
・フックス、ベル『オール・アバウト・ラブ――愛をめぐる13の試論』宮本敬子、大塚由美子訳、春風社、二〇一六年
・フックス、ベル『フェミニズムはみんなのもの――情熱の政治学』堀田碧訳、エトセトラブックス、二〇二〇年
・ボーヴォワール、シモーヌ・ド『第二の性』第Ⅰ巻「事実と神話」第Ⅱ巻「体験」上・下『第二の性』を原文で読み直す会訳、河出書房新社、二〇二三年
・星野俊樹「上半身裸の騎馬戦という「地獄」に苦しんだ僕は、教師になった」『ＯＴＥＭＯＴＯ』二〇二二年
(https://o-temoto.com/akiko-kobayashi/toshikihoshino2/)
・牧野雅子『痴漢とはなにか――被害と冤罪をめぐる社会学』エトセトラブックス、二〇一九年
・マッキノン、キャサリン『セクシャル・ハラスメント オブ ワーキング・ウィメン』志田昇、村山淳彦訳、こうち書房、一九九九年
・三木那由他「私たちには物語が必要だ」『すばる』二〇二三年八月号
・宮原優「妊娠とは、お腹が大きくなることなのだろうか？――妊娠のフェミニスト現象学」稲原美苗、川崎唯史、中澤瞳、宮原優編『フェミニスト現象学入門』ナカニシヤ出版、二〇二〇年
・メルロ＝ポンティ、モーリス『知覚の現象学』第1巻、竹内芳郎、小木貞孝、木田元、宮本忠雄訳、みすず書房、一九六七年
・森山至貴『ＬＧＢＴを読みとく――クィア・スタディーズ入門』筑摩書房、二〇一七年
・Young, Iris Marion, *On Female Body Experience. "Throwing Like a Girl" and Other Essays*, Oxford University Press, 2005.

第2章

・Alcoff, L. M. & Potter, E. "Introduction: When Feminisms Intersect Epistemology," In Alcoff, L. & Potter, E. eds. *Feminist*

Epistemologies, pp. 1–14, Routledge, 1993.
・フリッカー、ミランダ『認識的不正義』佐藤邦政監訳／飯塚理恵訳、勁草書房、二〇二三年
・Fricker, M. "Can There Be Institutional Virtues?" In T. S. Gendler & J. Hawthorne eds., *Oxford Studies in Epistemology*, pp. 235–252, Oxford University Press, 2010.
・Fricker, M. "Epistemic Justice as a Condition of Political Freedom," *Synthese* 190: 1317–1332, 2013.
・Fricker, M. "Institutional Epistemic Vices: The Case of Inferential Inertia," In I. J. Kidd, H. Battaly. & Q. Cassam eds., *Vice Epistemology*, pp. 89–107, Routledge, 2021.
・林香里『〈オンナ・コドモ〉のジャーナリズム』岩波書店、二〇一一年
・林香里、谷岡理香編『テレビ報道職のワーク・ライフ・バランス——13局男女30人の聞き取り調査から』大月書店、二〇一三年
・林香里、田中東子編『ジェンダーで学ぶメディア論』世界思想社、二〇二三年
・林眞琴、飛鳥井望、齋藤梓「外部専門家による再発防止特別チーム 調査報告書（公表版）」二〇二三年（https://www.asahicom.jp/pdf/hokokusho_20230829.pdf）
・岸見太一「なぜ収容者の訴えは信用されないのか——感情労働現場としての収容施設における認識的不正義」岸見太一、高谷幸、稲葉奈々子編『入管を問う：現代日本における移民の収容と抵抗』八九–一〇七頁、人文書院、二〇二三年
・北出真紀恵「マスメディア——新聞社・放送局の歴史に見るオトコ（会社）同士の絆」林香里、田中東子編『ジェンダーで学ぶメディア論』一一〇–一二四頁、人文書院、二〇二三年
・北村英哉、唐沢穣編『偏見や差別はなぜ起こる？——心理的メカニズムの解明と現象の分析』ちとせプレス、二〇一八年
・国広陽子、花野泰子「番組制作現場のジェンダー・アンバランス」林香里、四方由美、北出真紀恵編『テレビ番組制作会社のリアリティ』二五五–二九〇頁、大月書店、二〇二二年
・Lackey, J. *The Epistemology of Groups*, Oxford University Press, 2020.
・Le Morvan, P., & Peels, R. "The Nature of Ignorance: Two Views," in In Rik Peels & Martin Blaauw eds., *The Epistemic*

Dimensions of Ignorance, pp. 12–32, Routledge, 2016.

・松本大輝、佐藤邦政「教師の子どもへの証言的裏切り――不正義に抵抗する教師の徳に向けた予備的考察」『茨城大学教育学部紀要』73、一九–三一頁、二〇二四年

・美ノ谷和成『放送メディアの送り手研究』学文社、一九九八年

・中正樹「プロフェッショナリズムと客観性」大井真二、田村紀雄、鈴木雄雅編『現代ジャーナリズムを学ぶ人のために』一二八–一四一頁、世界思想社、二〇一八年

・日本放送協会「ビッグモーター不正の深層――中古車販売大手でなにが」二〇二三年（https://www.nhk.or.jp/gendai/articles/4808/ 二〇二四年一月二〇日アクセス）

・Peels, R. *Ignorance: A Philosophical Study*, Oxford University Press, 2022.

・佐藤邦政「監訳者解説」M. Fricker『認識的不正義――権力は知ることの倫理にいかに関わるのか』二六七–三〇七頁、勁草書房、二〇二三ａ年

・佐藤邦政「第３章　認識的不正義」立花幸司編著『徳の教育と哲学――理論から実践、そして応用まで』三〇–三九頁、東洋館出版、二〇二三ｂ年

・佐藤邦政「証言的不正義、認識的不運、変容的責任――不協和の徳としての認識的責任」『社会と倫理』38、南山大学社会倫理研究所、一一一–一二五頁、二〇二三ｃ年

・四方由美『犯罪報道におけるジェンダー問題に関する研究――ジェンダーとメディアの視点から』学文社、二〇一四年

・四方由美「ジェンダーとメディア」大井眞二、田村紀雄、鈴木雄雅編『現代ジャーナリズムを学ぶ人のために』一二八–一四一頁、世界思想社、二〇一八年

・田中和子、諸橋泰樹編『ジェンダーからみた新聞のうら・おもて――新聞女性学入門』現代書館、一九九六年

・東京新聞Ｗｅｂ「ジャニーズ性加害問題を報じたＢＢＣ記者「喜多川氏のやったことは不道徳で犯罪」日本の警察にも疑問」二〇二三年（https://www.tokyo-np.co.jp/article/260729 二〇二三年一一月一〇日アクセス）

・Tuomela, R. "Group Beliefs." *Synthese* 91: 285–318, 1992.

・鶴田想人「無知学（アグノトロジー）の現在」『現代思想――無知学／アグノトロジーとは何か』二四–三五頁、青土

社、二〇二三年
・WiMN『マスコミ・セクハラ白書』文藝春秋、二〇二〇年
・山田健太『ジャーナリズムの倫理』勁草書房、二〇二一年
・Ziv, A. K. "Institutional Virtue: How Consensus Matters," *Philosophical Studies*, 161(1): 87-96, 2012.

第3章

・アエラ「男性脳・女性脳にさようなら――それ、性差ではなく個体差です」朝日新聞出版、二〇二三年八月二八日号
・池田功毅、平石界「心理学における再現可能性危機――問題の構造と解決策」『心理学評論』59(1):三-一四頁、二〇一六年
・伊佐夏実、知念渉「理系科目における学力と意欲のジェンダー差」『日本労働研究雑誌』56(7):八四-九三頁、二〇一四年
・P・J・カプラン&J・B・カプラン『認知や行動に性差はあるのか――科学的研究を批判的に読み解く』森永康子訳、北大路書房、二〇一〇年
・E・F・キテイ『愛の労働あるいは依存とケアの正義論〔新装版〕』岡野八代、牟田和恵訳、現代書館、二〇二三年
・S・J・グールド『人間の測りまちがい』上、鈴木善次、森脇靖子訳、河出書房新社、一九九八年
・D・ジョエル&L・ヴィハンスキ『ジェンダーと脳――性別を超える脳の多様性』鍛原多恵子訳、紀伊國屋書店、二〇二一年
・豊田秀樹『瀕死の統計学を救え!――有意性検定から「仮説が正しい確率」へ』朝倉書店、二〇二〇年
・日本心理学会『倫理規定』日本心理学会、二〇〇九年
・林賢一「統計学は錬金術ではない」『心理学評論』61(1):一四七-一五五頁、二〇一八年
・A・ピーズ&B・ピーズ『話を聞かない男、地図が読めない女――男脳・女脳が「謎」を解く』藤井留美訳、主婦の友社、二〇〇二年
・福富護『ジェンダー心理学』朝倉書店、二〇〇六年
・藤井渉『ソーシャルワーカーのための反『優生学講座』――「役立たず」の歴史に抗う福祉実践』現代書館、二〇二二年

・古田和久「学業的自己概念の形成におけるジェンダーと学校環境の影響」『教育学研究』83（1）：一三－二五頁、二〇一六年
・森永康子「「女性は数学が苦手」――ステレオタイプの影響について考える」『心理学評論』60（1）：四九－六一頁、二〇一七年
・S・リッチー『Socience Fictions――あなたが知らない科学の真実』矢羽野薫訳、ダイヤモンド社、二〇二四年
・Bem, D. J., "Feeling the future: Experimental Evidence for Anomalous Retroactive Influences on Cognition and Affect", *Journal of Personality and Social Psychology*, 100(3): 407–425, 2011.
・Dyble M., G. D. Salali, N. Chaudhary, A. Page, D. Smith, J. Thompson, L. Vinicius, R. Mace, A. B. Migliano, "Sex Equality Can Explain the Unique Social Structure of Hunter–Gatherer Bands," *Science*, 348: 796–798, 2015.
・Ellemers, N., 2018, "Gender Stereotypes," *Annual Review of Psychology*, 69: 275–298, 2018.
・Guiso, L., Monte F., Sapienza P., Zingales L., "Diversity: Culture, Gender and Math, Science," 320(5880): 1164–1165, 2008.
・Hyde J. S., "Gender Similarities and Differences," *Annual Review of Psychology*, 65: 373–398, 2014.
・Judd, C. M., and Gawronski, B., "Editorial Comment," *Journal of Personality and Social Psychology*, 100(3): 406, 2011.
・Open Science Collaboration, "Estimating the Reproducibility of Psychological Science," *Science*, 349: aac4716, 2015.
・Wasserstein R L, Lazar Nicole A., "The ASA's Statement on *p*-values: Context, Process, and Purpose," *The American Statistician* 70: 129–133, 2016（日本計量生物学会による一部訳「統計的有意性とP値に関するASA声明」二〇一七年） https://www.biometrics.gr.jp/news/all/ASA.pdf（二〇二三年一一月二〇日アクセス）
・Zell, E., Krizan, Z., Teeter R. S., "Evaluating Gender Similarities and Differences using Metasynthesis," *American Psychologist*, 70(1): 10–20, 2015.

第4章

・Anntena編「「宝塚の男役かよ…？」ＬＧＢＴＱの生徒を陰で笑う教師たち。性差別だらけ「教育現場のおぞましい実態」」https://antenna.jp/articles/21099764 二〇二三年
・ハンナ・アーレント「リトルロックについて考える」『責任と判断』中山元訳、筑摩書房、二〇〇七年
・ハンナ・アーレント『活動的生』森一郎訳、みすず書房、二〇一五年

・稲垣恵一「自己認識という欲望――ジェンダー論が排除してきた受動性」名古屋大学哲学会編『名古屋大学哲学論集』特別号、二〇一八年
・稲垣恵一「LGBTXの互助関係の現在とその課題――超少子高齢社会の互助モデルへ向けて」『LGBTAの人々の互助関係の研究――超少子高齢社会のコミュニティ形成の一モデルとして』科学研究費補助金（課題番号18K11897 研究代表者：稲垣恵一）研究成果報告書、二〇二二年
・大野友也「LGBT理解増進法の問題点と今後の運用について」『法学館憲法研究所』https://www.jicl.jp/articles/opinion_20230712.html 二〇二三年
・佐藤雄「10代のLGBTQ当事者85％が「SNSなどで差別的な発言を見た」。性的マイノリティの困りごととは【意識調査】」https://www.huffingtonpost.jp/news/lgbtq/ 二〇二三年
・慎改康之『ミシェル・フーコー――自己から脱け出すための哲学』岩波書店、二〇一九年
・タムシン・スパーゴ『フーコーとクイア理論』吉村育子訳、岩波書店、二〇〇四年
・仲正昌樹『フーコー〈性の歴史〉入門講義』作品社、二〇二〇年
・ミシェル・フーコー『臨床医学の誕生』神谷美恵子訳、みすず書房、一九六九年
・ミシェル・フーコー『狂気の歴史――古典主義時代における』田村俶訳、新潮社、一九七五年
・ミシェル・フーコー『監獄の誕生〈新装版〉――監視と処罰』田村俶訳、新潮社、一九八六a年
・ミシェル・フーコー『性の歴史Ⅰ 知への意志』渡辺守章訳、新潮社、一九八六b年
・ミシェル・フーコー『性の歴史Ⅱ 快楽の活用』田村俶訳、新潮社、一九八六c年
・ミシェル・フーコー『同性愛と生存の美学』増田一夫訳、哲学書房、一九八七年
・婦人民主クラブ編『ふぇみん』№2901ふぇみん、二〇〇九年九月一五日号
・水野礼「orderを問い直すこと、個々人固有の特異性を愛すること」『LGBTAの人々の互助関係の研究――超少子高齢社会のコミュニティ形成の一モデルとして』科学研究費補助金（課題番号18K11897 研究代表者：稲垣恵一）研究成果報告書、二〇二二年
・森下直貴『システム倫理学的思考――対立しながらも、つながり合う』幻冬舎、二〇二〇年

●責任編者・執筆者紹介●

※［ ］内は執筆担当部分

【責任編者】

神島裕子（かみしま・ゆうこ） 立命館大学総合心理学部教授。東京大学大学院総合文化研究科博士課程修了。博士（学術）。研究テーマは、現代正義論とケイパビリティ・アプローチ。最近の業績に「戦争が動物にもたらす暴力と人間への問い」(『哲学』第 75 号)、「現代正義論の新たな視座―ケイパビリティ・アプローチ」(『Research Bureau 論究』第 20 号)、など［責任編者解題］

【執筆者】

小手川正二郎（こてがわ・しょうじろう） 國學院大學文学部哲学科教授。慶應義塾大学大学院文学研究科後期博士課程修了。博士（哲学）。研究テーマは、フランス近現代哲学、現象学(とりわけジェンダー、人種、家族、責任)。著書に『現実を解きほぐすための哲学』(トランスビュー)、『甦るレヴィナス―『全体性と無限』読解』(水声社)、共著に『フェミニスト現象学―経験が響きあう場所へ』(ナカニシヤ出版)など［第 1 章］

佐藤邦政（さとう・くにまさ） 茨城大学教育学部社会選修(倫理学)講師。日本大学大学院博士後期課程哲学専攻修了。博士（文学）。研究テーマは、認識的不正義、変容的経験論。最近の業績に「証言的正義の徳から変容的な徳へ」(『科学哲学』56 巻 1 号)、「「日本人」特権に起因する無知」(鶴田想人・塚原東吾編『無知学への招待』明石書店)など［第 2 章］

髙松里江（たかまつ・りえ） 立命館大学総合心理学部准教授。大阪大学大学院人間科学研究科博士後期課程単位取得退学。博士（人間科学）。研究テーマは、キャリアとジェンダー、ジェンダー格差、社会統計学。著作に『幸福感の統計分析』(橘木俊詔との共著、岩波書店)、『計量社会学入門―社会をデータで読む』(世界思想社)など［第 3 章］

稲垣惠一（いながき・けいいち） 静岡文化芸術大学文化政策学部非常勤講師。名古屋大学大学院文学研究科博士後期課程修了。博士（文学）。研究テーマは、ジェンダー／セクシュアリティの哲学、多様性共生論、生命倫理学、西洋近代哲学。著作に『生命と科学技術の倫理学―デジタル時代の身体・脳・心・社会』(共著、丸善出版)、最近の業績に「〈オトコ〉たちのモノローグから対話の哲学へ―ジェンダーの哲学の可能性」(『哲学と現代』第 37 号)など［第 4 章］

ら 行

た 行

な 行

は 行

ま 行

や 行

索　　引

略語・英字

あ　行

か　行

さ　行

《未来世界を哲学する・第5巻》
ジェンダーとLGBTQの哲学

令和6年6月30日 発 行

責任編者 神 島 裕 子

発行者 池 田 和 博

発行所 丸善出版株式会社
〒101-0051 東京都千代田区神田神保町二丁目17番
編集：電話(03)3512-3264／FAX(03)3512-3272
営業：電話(03)3512-3256／FAX(03)3512-3270
https://www.maruzen-publishing.co.jp

組版印刷・製本／藤原印刷株式会社

ISBN 978-4-621-30979-7 C 1310 Printed in Japan

《未来世界を哲学する・全12巻》刊行にあたって

日本を含めて二一世紀の人類社会は、前世紀から引き続くグローバル化や、地球温暖化、デジタル化、人口高齢化などによって、経済・共同・公共・文化のあらゆる領域で大きく変容し、従来の思考の枠組みでは対応できないような課題群に直面しています。

いま、哲学・思想に関わる人文学・社会科学系の研究者に求められているのは、理系・技術系の分野と融合しながら、三〇年後、五〇年後の未来を見据えつつ、そうした課題群に対して大局的かつ根本的に挑戦し、人類社会の進むべき方向を指し示すことではないでしょうか。

本シリーズは、次世代を担う若手・中堅の研究者を積極的に起用し、たんなる理論の紹介ではなく、時代の要請に応える生きた思想を尖った形で提示してもらうことで、高校生から大学生や一般の人々にとって、それらが未来世界を考え生きるためのヒントになってくれることを目指しています。

丸善出版では二〇〇二年から数年かけて「現代社会の倫理を考える」全17巻を刊行しました。本シリーズはその後継になりますが、前記の目標を達成するために、課題群に対応した全巻の構成、各章の設定、執筆者の選定、原稿の査読に関して編集委員会が一貫した責任をもつとともに、各巻を少数精鋭の四人で執筆し、それに論点を整理した解題を付けるという点に、前シリーズとも類書とも異なる特徴があります。

〔編集委員会〕森下直貴（委員長）、美馬達哉、神島裕子、水野友晴、長田　怜